현명하게 준비하는
이혼처방전

현명하게 준비하는
이혼처방전

......

엄정웅 변호사 지음

이혼은 끝이 아니라 새로운 인생, 더 나은 삶의 시작입니다

좋은땅

프롤로그

이혼은 매우 어려운 결정이고, 많은 사람이 어려움을 겪습니다.

이혼 과정에서 자녀 양육, 면접 교섭, 위자료, 재산분할 등 다양한 문제가 발생할 수 있습니다. 그래서 이혼과 관련된 지식을 미리 준비해야 합니다.

이 책은 이혼 절차와 사유를 살펴보고, 이혼 과정에서 발생할 수 있는 문제와 그 해결 방법에 대해 다루고 있습니다. 오랜 기간 가사소송 분야에 집중해 온 가사법 전문 변호사로서 의뢰인분들에게 드렸던 다양한 법률 조언들도 함께 담았습니다.

이혼을 고민하는 분들이 복잡한 문제를 좀 더 수월하게 해결하는데, 이 책이 도움이 될 수 있기를 바랍니다.

2023년 1월
엄정웅 변호사

차례

Chapter 1   이혼하기

Chapter 2   이혼사유

Chapter 3   이혼 위자료

chapter 1

이혼하기

01

협의이혼절차

부부가 이혼하는 방법에는 크게 협의이혼과 재판상 이혼이 있습니다. 부부가 이혼 및 이혼조건에 합의한 경우에는 협의이혼을 할 수 있으며, 이혼여부나 이혼조건에 합의가 이루어지지 않는다면, 부부 일방이 재판상 이혼을 청구합니다.

일반적으로 혼인관계를 정리하려는 부부는 협의이혼을 먼저 고려하며, 부부는 아무런 이유가 없어도 언제든지 협의로 이혼할 수 있습니다(민법 제834조).

협의이혼은 ① 이혼의사의 합치가 있는 부부가 ② 법원에 협의이혼을 신청(협의이혼의사의 확인을 신청)을 하고, ③ 이혼에 관한 안내를 받고, ④ 안내를 받은 날로부터 일정한 기간(숙려기간)이 경과한 후에 이혼의사의 확인을 받아야 하며, ⑤ 그 기간 안에 양육사항 및 친권자 결정에 관한 협의서를 제출하고, ⑥ 양육비부담조서를 작성한 후 ⑦ 협의이혼의사확인사항을 관할 관청에 신고하는 일련의 과정을 거칩니다. 실제 우리나라의 이혼 중 대략 80%가 협의이혼으로 진행하고 있습니다.

　부부가 협의이혼을 진행하기로 합의하였다면, 부부는 관할법원(등록기준지나 주소지 관할 가정법원입니다. 다만 지방법원에서 협의이혼을 처리하는 경우가 있어, 관할법원 확인은 주소지 관할법원에 직접 문의하는 것이 가장 정확합니다)에 방문해서 협의이혼의사확인을 신청해야 합니다.

협의이혼의사확인신청서

당사자　부　○○○ (주민등록번호:　　　　　-　　　　　)
　　　　등록기준지:
　　　　주　　　소:
　　　　전화번호(핸드폰/집전화):

　　　　처　○○○ (주민등록번호:　　　　　-　　　　　)
　　　　등록기준지:
　　　　주　　　소:
　　　　전화번호(핸드폰/집전화):

신청의 취지

위 당사자 사이에는 진의에 따라 서로 이혼하기로 합의하였다.

위와 같이 이혼의사가 확인되었다.

라는 확인을 구함.

첨부서류

1. 남편의 혼인관계증명서와 가족관계증명서 각 1통.

    처의 혼인관계증명서와 가족관계증명서 각 1통.

2. 미성년자가 있는 경우 양육 및 친권자결정에 관한 협의서 1통과 사본 2통

    또는 가정법원의 심판정본 및 확정증명서 각 3통 (제출_____, 미제출_____)[1]

3. 주민등록표등본(주소지 관할법원에 신청하는 경우) 1통.

4. 진술요지서(재외공관에 접수한 경우) 1통.   끝.

년   월   일

확인기일		담당자
1회	년 월 일 시	법원주사(보)
2회	년 월 일 시	○○○ ㊞

신청인 부 ○ ○ ○ ㊞

처 ○ ○ ○ ㊞

확인서등본 및 양육비부담조서정본 교부	교부일
부 ○ ○ ○ ㊞	
처 ○ ○ ○ ㊞	

○ ○ 가정법원   귀 중

1) 해당하는 란에 ○ 표기할 것. 협의하는 부부 양쪽이 이혼에 관한 안내를 받은 후에 협의서는 확인기일 1개월 전까지, 심판정본 및 확정증명서는 확인기일까지 제출할 수 있습니다.

※ 이혼에 관한 안내를 받지 아니한 경우에는 접수한 날부터 3개월이 경과하면 취하한 것으로 봅니다.

협의이혼은 재판상 이혼과 달리 대리가 불가능합니다. 반드시 부부가 함께 출석하여 진행해야 합니다. 다만 상대방이 교도소에 있거나 해외에 있는 경우에는 서류로 진행 가능하며, 이런 경우 부부의 일방이 단독으로 출석하여 협의이혼을 진행할 수 있습니다.

협의이혼을 신청한 부부는 법원이 제공하는 이혼에 관한 안내를 받아야 합니다(민법 제836조의2 제1항). 법원은 협의이혼을 하려는 부부에게 이혼을 안내하고, 필요한 경우 전문상담인의 상담을 권고할 수 있습니다. 이혼안내에는 이혼절차, 이혼의 효과(재산분할, 친권, 양육권, 양육비, 면접교섭 등), 자녀에게 미치는 영향 등 전반적인 설명이 포함됩니다.

부부가 이혼에 대한 안내를 받았다면 이혼에 대해 고민해 보는 숙려기간이 주어집니다. 이는 부부가 성급하게 이혼하는 것을 방지하려는 조치입니다.

부부에게 양육해야 할 미성년 자녀가 있다면 3개월, 자녀가 없거나 성년 자녀가 있다면 1개월의 숙려기간이 주어집니다. 숙려기간 후 협의이혼의사확인기일이 정해지는데, 통상 두 개의 날짜(첫 번째 협의이혼의사확인기일과 두 번째 협의이혼의사확인기일)를 지정하고 있습니다. 부부가 모두 협의이혼의사확인기일에 출석하지 않거나, 한

명이라고 출석하지 않는 경우에는 협의이혼 과정은 취소됩니다.

이와 별도로 미성년 자녀가 있는 부부는 부모양육교육을 받아야 하며, 소감문도 제출해야 합니다. 부부가 법원에 직접 방문하여 교육을 받아야 하지만 코로나 등의 영향으로 온라인교육(유튜브 동영상 시청)으로 대체할 수 있습니다.

양육할 미성년 자녀가 있다면, 부부는 이혼을 신청할 때나 협의이혼의사확인 기일까지 자녀의 양육사항 및 친권자결정에 관한 협의서를 제출해야 합니다. 협의서의 내용이 자녀의 복리에 반하는 경우 법원이 보정을 명할 수 있지만 실무상 법원이 정하는 경우는 거의 없습니다. 양육사항에 대한 협의가 되지 않는다면 재판상 이혼을 통해 해결해야 합니다.

자의 양육과 친권자결정에 관한 협의서

사 건   20   호협   협의이혼의사확인신청

당사자   부 성   명
            주민등록번호   -

         모 성   명
            주민등록번호   -

협 의 내 용

1. 친권자 및 양육자의 결정 (□에 ✔표시를 하거나 해당 사항을 기재하십시오)

자녀 이름	성별	생년월일(주민등록번호)	친권자	양육자
	□ 남	년 월 일	□ 부 □ 모	□ 부 □ 모
	□ 여	(-)	□ 부모공동	□ 부모공동
	□ 남	년 월 일	□ 부 □ 모	□ 부 □ 모
	□ 여	(-)	□ 부모공동	□ 부모공동
	□ 남	년 월 일	□ 부 □ 모	□ 부 □ 모
	□ 여	(-)	□ 부모공동	□ 부모공동
	□ 남	년 월 일	□ 부 □ 모	□ 부 □ 모
	□ 여	(-)	□ 부모공동	□ 부모공동

2. 양육비용의 부담 (□에 ✔표시를 하거나 해당 사항을 기재하십시오)

지급인	□ 부 □ 모	지급받는 사람	□ 부 □ 모
지급방식	□ 정기금		□ 일시금
지급액	이혼신고 다음날부터 자녀들이 각 성년에 이르기 전날까지 미성년자 1인당 매월 금 원 (한글병기: 원)		이혼신고 다음날부터 자녀들이 각 성년에 이르기 전날까지의 양육비에 관하여 금 원 (한글병기: 원)
지급일	매월 일		년 월 일
기타			
지급받는 계좌	( ) 은행 예금주 : 계좌번호 :		

3. 면접교섭권의 행사 여부 및 그 방법(□에 ✔표시를 하거나 해당 사항을 기재하십시오)

일 자	시 간	인도 장소	면접 장소	기타(면접교섭시 주의사항)
□ 매월 ___째 주 ___요일	시 분부터 시 분까지			
□ 매주 ___요일	시 분부터 시 분까지			
□ 기타				

첨 부 서 류

1. 근로소득세 원천징수영수증, 사업자등록증 및 사업자소득금액 증명원 등 소득금액을 증명하기 위한 자료 - 부, 모별로 각 1통
2. 위 1항의 소명자료를 첨부할 수 없는 경우에는 부·모 소유 부동산등기부등본 또는 부·모 명의의 임대차계약서, 재산세 납세영수증(증명)
3. 위자료나 재산분할에 관한 합의서가 있는 경우 그 합의서 사본 1통
4. 자의 양육과 친권자결정에 관한 협의서 사본 2통

협의일자 :   년   월   일

부 :   (인/서명)   모 :   (인/서명)

○ ○ 가정(지방)법원		판사 확인인
사건번호		
확인일자	. . .	

현명하게 준비하는 이혼처방전

자의 양육과 친권자결정에 관한 협의서 작성요령

※ 미성년인 자녀(임신 중인 자를 포함하되, 이혼에 관한 안내를 받은 날부터 3개월 또는
   법원이 별도로 정한 기간 내에 성년이 되는 자는 제외)가 있는 부부가 협의이혼을 할
   때는 자녀의 **양육과 친권자결정**에 관한 협의서를 확인기일 1개월 전까지 제출하여야
   합니다.

※ 미성년 자녀가 입양된 경우에는 친생부모의 친권이 소멸되고 양부모가 친권자가 되
   므로, 친생부모는 입양된 자녀에 대하여는 양육과 친권자결정에 관한 사항을 기재하
   여서는 안 됩니다.

※ 이혼의사확인신청 후 양육과 친권자결정에 관한 협의가 원활하게 이루어지지 않는
   경우에는 신속하게 가정법원에 그 심판을 청구하여야 합니다.

※ 확인기일까지 협의서를 제출하지 아니한 경우 이혼의사확인이 지연되거나 불확인 처
   리될 수 있고, 협의한 내용이 **자녀의 복리**에 반하는 경우 가정법원은 보정을 명할 수
   있으며 보정에 응하지 않는 경우 불확인 처리됩니다.

※ 이혼신고일 다음날부터 미성년인 자녀들이 각 성년에 이르기 전날까지의 기간에 해
   당하는 양육비에 관하여는 **양육비부담조서**가 작성되며, 이혼 후 양육비부담조서에
   따른 양육비를 지급하지 않으면 양육비부담조서에 의하여 강제집행할 수 있습니다.
   그 외 협의사항은 **'별도의 재판절차'**를 통하여 과태료, 감치 등의 제재를 받을 수 있고,
   강제집행을 할 수 있습니다.

※ 협의서 작성 전에 가정법원의 상담위원의 상담을 먼저 받아 보실 것을 권고합니다.

1. 친권자 및 양육자의 결정

친권자는 자녀의 재산관리권, 법률행위대리권 등이 있고, **양육자**는 자녀와 공동생
활을 하며 각종의 위험으로부터 자녀를 보호하는 역할을 합니다. 협의이혼 시 친
권자 및 양육자는 자의 복리를 우선적으로 고려하여 부 또는 모 일방, 부모 공동으
로 지정할 수도 있으며, 친권자와 양육자를 분리하여 지정할 수도 있습니다(**공동
친권, 공동양육의 경우는 이혼 후에도 부모 사이에 원만한 협의가 가능한 경우**에
만 바람직하며, 각자의 권리·의무, 역할, 동거기간 등을 별도로 명확히 정해 두는
것이 장래의 분쟁을 예방할 수 있습니다).
임신 중인 자의 특정은 자녀이름란에 '모가 임신 중인 자'로 기재하고 생년월일란
에 '임신 ○개월'로 기재함으로 하고, 성별란은 기재할 필요가 없습니다.

2. 양육비용의 부담

자녀에 대한 양육의무는 친권자나 양육자가 아니어도 부모로서 부담하여야 할 법
률상 의무입니다. 양육비는 자녀의 연령, 자녀의 수, 부모의 재산상황 등을 고려하

여 적정한 금액을 협의하여야 합니다. 경제적 능력이 전혀 없는 경우에는 협의에 의해 양육비를 부담하지 않을 수 있습니다. 이혼신고 전 양육비 또는 성년이후의 교육비 등은 부모가 협의하여 "기타"란에 기재할 수 있으나, 양육비부담조서에 기재되지 않으므로, 강제집행을 위하여는 별도의 재판절차가 필요합니다.

3. 면접교섭권의 행사 여부 및 그 방법
「민법」제837조의2 규정에 따라 이혼 후 자녀를 직접 양육하지 않는 부모(비양육친)의 일방과 자녀는 서로를 만날 **권리**가 있고, 면접교섭은 자녀가 양쪽 부모의 사랑을 받고 올바르게 자랄 수 있기 위해 꼭 필요합니다. 면접교섭 일시는 자녀의 일정을 고려하여 **정기적·규칙적**으로 정하는 것이 자녀의 안정적인 생활에 도움이 되고, 자녀의 인도장소 및 시간, 면접교섭 장소, 면접교섭 시 주의사항(기타 란에 기재) 등을 자세하게 정해야 장래의 분쟁을 방지할 수 있습니다.

4. 첨부서류
협의서가 자녀의 복리에 부합하는지 여부를 판단하기 위해 부, 모의 월 소득액과 재산에 관한 자료 등이 필요하므로 증빙서류를 제출합니다.

5. 기타 유의사항
법원은 협의서원본을 2년간 보존한 후 폐기하므로, 법원으로부터 교부받은 협의서등본을 이혼신고 전에 사본하여 보관하시기 바랍니다.

부부가 이혼의사확인신청을 하고, 1~3개월 숙려기간 후 법원을 방문하면 협의이혼의사확인을 받을 수 있습니다.

법원은 부부가 제출한 미성년 자녀의 양육과 친권자결정에 관한 당사자의 협의내용 중 양육비부담에 관한 부분을 양육비부담조서로 작성해 줍니다. 양육비부담조서는 집행권원이므로 별도의 재판절차 필요 없이 곧바로 강제집행에 활용할 수 있습니다. 미성년 자녀를 키울 당사자와 양육비 등을 정하였다면, 판사는 이혼의사확인서등본을 발급해 줍니다.

부부는 이혼의사확인서를 받은 날로부터 3개월 이내에 이혼의사확인서등본을 첨부해서 관할 시(구)·읍·면사무소에 이혼신고를 해야 합니다. 이혼신고는 부부 중 어느 한 사람만 방문해도 가능하지만, 이혼신고서에는 다른 일방의 서명 날인이 필요합니다. 따라서 협의이혼의사확인기일에 배우자를 만나면, 미리 이혼신고서를 준비해서 서명 날인을 받아두는 것이 필요합니다. 배우자의 동의가 없으면 이혼신고를 할 수 없어, 최종적으로 이혼할 수 없습니다. 만약 부부가 모두 3개월 안에 이혼신고를 하지 않았다면, 협의이혼이 성립하지 않고, 이혼하기 위해서는 재차 협의이혼절차를 진행해야 합니다.

협의이혼이 유효하게 성립하려면 이혼신고가 수리될 때까지 부부에게 이혼의사가 존재해야 합니다. 따라서 협의이혼의사를 확인받은 후 이혼할 의사가 없어졌다면, 3개월 내에 이혼신고를 하지 않거나, 이혼신고가 수리되기 전에 관할관청에 이혼의사 철회신고를 하는 방식으로 이혼성립을 막을 수 있습니다. 이혼의사철회서를 직접 제출하는 경우에는 상대방의 이혼신고서보다 먼저 제출해야 합니다. 상대방의 이혼신고서가 본인의 이혼의사철회서보다 먼저 접수되면 철회서를 제출하였더라도 이혼의 효력이 발생합니다.

협의이혼절차에서 부부가 합의해야 할 사항은 무엇일까요?

부부는 ① 이혼할 의사 및 ② 미성년 자녀의 양육사항만 정하였다면 이혼할 수 있습니다. 즉 위자료나 재산분할 합의가 없더라도 협의이혼이 가능한 것입니다. 법원은 위자료나 재산분할을 따로 검토하지 않기 때문에, 협의이혼을 진행하는 부부는 반드시 위자료 및 재산분할에 대한 합의도 함께 처리해야 합니다.

부부간 위자료 청구는 이혼한 날로부터 3년, 재산분할청구는 이혼할 날로부터 2년 안에 청구할 수 있습니다. 따라서 협의이혼 시 이혼만 합의하였다면, 번거롭게 위자료 및 재산분할소송을 별도로 진행해야 합니다. 협의이혼의 경우에는 반드시 문서로 이혼에 대한 사항, 위자료나 재산분할에 대한 사항, 친권자·양육권자·양육비를 적시해야 합니다.

만약 배우자와 이혼에 합의하였더라도, 양육에 관한 사항을 합의하지 못했다면, 협의이혼할 수 없습니다. 한편 위자료나 재산분할을 합의하지 못하였다면, 협의이혼을 진행해서는 안 됩니다. 협의이혼을 하더라도 어차피 소송을 통해 다툴 수밖에 없기 때문입니다.

협의이혼은 절차가 간소하고 편리하다는 장점이 있습니다. 그러나 배우자와 합의하는 과정에서 더 큰 갈등과 고통을 겪는 경우도 많아서 협의이혼은 쉽지 않은 과정입니다.

지옥 같은 부부관계를 정리하고자 협의이혼을 진행하며 더 힘든 상황을 겪을 필요는 없습니다. 더 이상 말이 통하지 않는 배우자와 고통스럽게 합의하기보다는 법원의 판단을 받고 깨끗하게 이혼하는 것도 좋은 방법일 것입니다.

02

이혼소송절차

부부가 협의이혼을 할 수 없는 상황이라면 이혼소송을 청구해야 합니다. 부부 중 일방이 ① 이혼에 동의하지 않는 상황이거나, ② 이혼에는 동의하지만 위자료, 재산분할, 친권, 양육권, 양육비 등 이혼조건에 갈등이 있는 경우에는, 즉 당사자 간 이혼합의 또는 이혼조건에 합의할 수 없다면 재판상 이혼을 진행해야 합니다.

법원은 재판상 이혼에 있어 조정전치주의를 채택하고 있습니다. 따라서 이혼하려는 부부는 우선 법원에 조정을 신청해야 합니다. 그러나 당사자가 조정에 출석하지 않는 경우나 조정이 성립할 수 없다고 인정될 때는 재판상 이혼으로 진행합니다.

재판상 이혼을 하기 위해서는 민법 제840조상의 이혼사유가 필요합니다.

제840조(재판상 이혼원인) 부부의 일방은 다음 각 호의 사유가 있는 경우에는 가정법원에 이혼을 청구할 수 있다.

1. 배우자에 부정한 행위가 있었을 때
2. 배우자가 악의로 다른 일방을 유기한 때
3. 배우자 또는 그 직계존속으로부터 심히 부당한 대우를 받았을 때
4. 자기의 직계존속이 배우자로부터 심히 부당한 대우를 받았을 때
5. 배우자의 생사가 3년 이상 분명하지 아니한 때
6. 기타 혼인을 계속하기 어려운 중대한 사유가 있을 때

이혼을 원하는 당사자는 가족관계증명서, 혼인관계증명서, 기본증명서, 주민등록등본, 주민등록초본(주소변경사항 포함)을 준비하고, 이혼사유에 대한 증거를 확보해야 합니다. 예를 들어 카카오톡, 문자 메시지, SNS, 메일, 동영상, 사진, 진단서, 통화녹음, 대화녹음, 블랙박스, CCTV, 사실확인서 등이 필요하며, 상대방의 폭행사실을 입증할 자료(상해진단서, 사진, 형사판결문 등), 상대방의 부정행위를 입증할 자료(상간자소송 판결문, 사진, 자필각서 등), 기타 이혼사유(가출접수증, 증인진술서, 녹취록 등) 등을 정리해야 합니다. 또한 재산분할과 관련해서, 부동산등기사항증명서, 매매계약서, 임대차계약서, 예금잔고증명, 채권증서, 채무증서, 자동차등록원부 사본, 재직증명서, 영업허가증, 소득세납부사실증명원을 활용할 수 있습니다.

이혼하기로 결심했다면, 이혼변호사들과 상담 후 마음에 맞는 변호사와 선임계약을 합니다. 담당 변호사가 정해졌다면, 변호사에게 사실관계를 정리해 주고, 유책행위를 입증할 증거를 보내 줍니다. 변호사는 관련 사실관계를 토대로 증거를 정리하고 의뢰인과 상의해서 이혼소장을 완성합니다.

소 장
(갈등저감형 소장 법원 예시)

원　　고 성명:　　　　　　　☎
　　　　　주민등록번호
　　　　　주　　　　　소
　　　　　송 달 장 소
　　　　　등 록 기 준 지

피　　고 성명:　　　　　　　☎
　　　　　주민등록번호
　　　　　주　　　　　소
　　　　　송 달 장 소
　　　　　등 록 기 준 지

사건본인(미성년 자녀)
1. 성명:　　　　주민등록번호:
　　주　　　　소
　　등록기준지
2. 성명:　　　　주민등록번호:
　　주　　　　소
　　등록기준지

청 구 취 지

1. 원고와 피고는 이혼한다.
2. □ 피고는 원고에게 위자료로 _____원 및 이에 대하여 이 사건 소장 부본 송달일 다음날부터 다 갚는 날까지 연 12%의 비율로 계산한 돈을 지급하라.
3. □ 피고는 원고에게 재산분할로 다음과 같이 이행하라.
   가. □ _____원 및 이에 대하여 이 판결 확정일 다음날부터 다 갚는 날까지 연 5%의 비율로 계산한 돈을 지급하라.
   나. □ 아래 기재 부동산(□전부 / □지분 _____)에 관하여 이 판결 확정일 재산분할을 원인으로 한 소유권이전등기절차를 이행하라.
      부동산의 표시: _____
   다. □ 기타: _____
4. □ 사건본인(들)에 대한 친권자 및 양육자로 (□원고 / □피고)를 지정한다.
   (기타: _____)
5. □ (□원고 / □피고)는 (□원고 / □피고)에게 사건본인(들)에 대한 양육비로 다음과 같이 지급하라.
   가. □ _____부터 사건본인(들)이 (각) 성년에 이르기 전날까지 매월 ____일에 사건본인 1인당 매월 _____원의 비율로 계산한 돈
   나. □ 기타: _____
6. □ (□원고 / □피고)는 다음과 같이 사건본인(들)을 면접교섭한다.

	일 자	시 간
□	매월 _____째 주	____요일 ____시부터 ____요일 ____시까지
□	매주	____요일 ____시부터 ____요일 ____시까지
□	기타:	

7. 소송비용은 피고가 부담한다.

청 구 원 인

1. 원고와 피고는 _____년 ____월 ____일 혼인신고를 마쳤다.
   원고와 피고는 (□ 동거 중/□ _____년 ____월 ____일부터 별거 중/□기타: _____)이다.

2. 이혼 및 위자료
  가. 원고는 아래와 같은 재판상 이혼원인이 있어 이 사건 이혼청구를 하였다
      (중복 체크 가능, 민법 제840조 참조).
      □ 피고가 부정한 행위를 하였음(제1호)
      □ 피고가 악의로 원고를 유기하였음(제2호)
      □ 원고가 피고 또는 그 부모로부터 부당한 대우를 받았음(제3호)
      □ 원고의 부모가 피고로부터 부당한 대우를 받았음(제4호)
      □ 피고의 생사가 3년 이상 불분명함(제5호)
      □ 기타 혼인을 계속하기 어려운 중대한 사유가 있음(제6호)

  나. 이혼의 계기가 된 결정적인 사정 3~4개는 다음과 같다.
      □ 배우자 아닌 자와 동거/출산 □ 배우자 아닌 자와 성관계 □ 기타 부정행위
      □ 장기간 별거 □ 가출 □ 잦은 외박
      □ 폭행 □ 욕설/폭언 □ 무시/모욕
      □ 시가/처가와의 갈등 □ 시가/처가에 대한 지나친 의존
      □ 마약/약물 중독 □ 알코올 중독 □ 도박 □ 게임 중독
      □ 정당한 이유 없는 과도한 채무 부담 □ 정당한 이유 없는 생활비 미지급
      □ 사치/낭비 □ 기타 경제적 무책임
      □ 가정에 대한 무관심 □ 애정 상실 □ 대화 단절 □ 극복할 수 없는 성격 차이
      □ 원치 않는 성관계 요구 □ 성관계 거부 □ 회복하기 어려운 성적 문제
      □ 회복하기 어려운 정신질환 □ 배우자에 대한 지나친 의심 □ 범죄/구속
      □ 과도한 음주 □ 전혼 자녀와의 갈등 □ 종교적인 갈등 □ 자녀 학대
      □ 이혼 강요 □ 국내 미입국 □ 해외 거주
      □ 기타(배우자 아닌 피고의 책임 있는 사유도 여기에 기재하시기 바랍니다):

3. 재산분할청구
   분할하고자 하는, 현재 보유 중인 재산은 별지 "재산내역표"에 기재된 것과 같
   다. 다음과 같은 사정(중복 체크 가능)을 고려하여 볼 때, 위 재산에 대한 원고
   의 기여도는 _____%이다.
   □ 원고의 소득활동/특별한 수익
   □ 원고의 재산관리(가사담당 및 자녀양육 포함)
   □ 원고의 혼전 재산/부모의 지원/상속
   □ 피고의 혼전 채무 변제
   □ 피고의 재산 감소 행위
   □ 기타: _____

현명하게 준비하는 이혼처방전

4. 친권자 및 양육자 지정에 관한 의견
   사건본인(들)에 대하여 청구취지 기재와 같이 친권자 및 양육자 지정이 필요한 이유는 다음과 같다(중복 체크 가능).

   ☐ 과거부터 현재까지 계속하여 양육하여 왔다.
   ☐ (현재는 양육하고 있지 않으나) 과거에 주된 양육자였다.
   ☐ 별거 이후 혼자 양육하고 있다.
   ☐ 사건본인(들)이 함께 살기를 희망한다.
   ☐ 양육환경(주거 환경, 보조 양육자, 경제적 안정성 등)이 보다 양호하다.
   ☐ 사건본인(들)과 보다 친밀한 관계이다.
   ☐ 기타: _____

5. 양육비 산정에 관한 의견
   (현재 파악되지 않은 상대방의 직업, 수입 등은 기재하지 않아도 됩니다)
   가. 원고의 직업은 _____, 수입은 월 _____원(☐ 세금 공제 전 / ☐ 세금 공제 후)이고, 피고의 직업은 _____, 수입은 월 _____원(☐ 세금 공제 전 / ☐ 세금 공제 후)이다.
   나. (과거 양육비를 청구하는 경우) 과거 양육비 산정 기간은 _____부터 _____까지 ___년 ___개월이다.
   다. 기타 양육비 산정에 고려할 사항: _____
   _____

6. 면접교섭에 관한 의견 희망 인도 장소: 사건본인(들)을 _____에서 인도하고 인도받기를 희망한다.
   면접교섭 시 참고사항:

첨 부 서 류

1. 원고의 기본증명서(상세), 혼인관계증명서, 가족관계증명서(상세), 주민등록등본 각 1통
2. 피고의 기본증명서(상세), 혼인관계증명서, 가족관계증명서(상세), 주민등록등본 각 1통
3. 원고 및 피고의 각 주소변동 사항이 모두 나타나 있는 주민등록초본 각 1통
4. 사건본인(들)에 대한 (각) 기본증명서(상세), 가족관계증명서(상세), 주민등록등본 각 1통

5. 입증자료 (갑 제____호증 ~ 갑 제____호증)
   (입증자료는 "갑 제1호증", "갑 제2호증"과 같이 순서대로 번호를 기재하여 제출
   하시면 됩니다)

                          20 .   .   .

        원고   인 / 서명

                                        서울가정법원 귀중

이혼소장이 완성되었다면, 관할가정법원에 이혼소장을 접수합니다. 이제 이혼소송의 시작입니다.

이혼소장은 배우자의 거주지로 송달되고, 배우자는 이혼소장을 확인합니다. 소장을 받은 배우자는 30일 안에 답변서를 제출해야 합니다. 소장을 받은 배우자가 변호사를 선임하는 경우에는 형식적 답변만 하고, 실질적 의미의 답변은 추후 정리해서 제출하기도 합니다.

소장을 작성하는데 대략 2~4주가 소요되며, 이혼소장이 접수되면 2~4주 뒤 배우자가 이혼소장을 받습니다. 배우자는 이혼소장에 대한 답변 즉 ① 이혼사유가 없기 때문에 이혼에 동의하지 않는다는 답변, ② 이혼엔 동의하지만 이혼사유가 이혼소송을 청구한 상대방에게 있다는 답변, ③ 위자료 및 재산분할을 다투는 답변, ④ 친권, 양육권자

를 본인으로 지정해주고, 양육비를 지급하라는 답변 등을 정리해서 30일 안에 답변서를 제출합니다.

원고(이혼소송을 청구한 자)가 소장을 제출하고, 피고(이혼소송에 피소된 자)가 답변서를 제출하면, 변론기일이나 조정기일이 지정됩니다.

가정법원은 이른바 조정전치주의를 채택하고 있어, 재판상 이혼을 하려는 사람은 우선 가정법원의 조정절차를 거칩니다. 조정절차는 조정위원과 당사자 부부, 변호사, 판사가 자유로운 형식으로 합의에 이르는 과정입니다. 따라서 법원의 조정실에서 조정이 열리면 당사자들이 참석해서 합의점을 도출합니다. 조정절차에서 이혼 합의에 이르렀다면, 이혼내용은 조서에 기재함으로써 조정이 성립되고, 이는 재판상 화해와 동일한 효력이 생겨 혼인이 종료됩니다. 부부는 조정 성립의 날로부터 1개월 안에 이혼신고를 해야 하며, 부부 중 한 명이 단독으로 신고 가능합니다.

만약 의견대립으로 합의에 이르지 못하였다면, 당사자 신청 또는 판사는 직권으로 '조정에 갈음하는 결정(이른바 강제조정결정)'이나 '화해권고결정'을 할 수 있습니다. 강제조정결정이든 화해권고결정이든 송달 후 2주일(불변기간) 내에 당사자의 이의신청이 없다면 확정되고, 확정판결과 동일한 효력이 발생합니다.

조정사건에 대하여 조정을 하지 아니하기로 하는 결정이나, 조정이 성립되지 아니한 것으로 종결된 경우 또는 화해권고결정이나 강제조정결정에 대해 이의신청이 제기되었으면 조정절차가 종결되고 소송절차로 이행됩니다.

한편 조정전치주의에도 불구하고 조정과정을 거치지 않고, 곧바로 이혼소송의 변론이 지정되는 경우도 많습니다. 소송절차가 개시되어 변론기일이 지정되면 당사자나 대리인이 출석하여 각자의 주장 및 증거관계를 진술하고, 법원은 사실조사, 증거의 조사, 신문 등을 수행합니다.

이 중 첫 번째 변론에서는 향후 이혼소송의 입증계획과 재산내역 정리를 요청할 수 있고, 특히 가사조사를 명할 수 있습니다.

부부마다 경제적 상황, 성격 차이, 혼인생활, 양육방식, 이혼에 이르게 된 경위 등에 차이가 발생하므로, 법원은 부부의 개별적·구체적 사정을 고려하기 위해 가사조사관이 각 가정을 조사하도록 가사조사를 명할 수 있습니다. 부부는 이혼소송과정에서 누구에게 이혼 책임이 있는지, 양육환경을 객관적으로 판단받기 위해 가사조사를 받을 수 있으며, 경우에 따라 부부관계를 회복하기 위한 부부상담도 진행할 수 있습니다. 부부상담 역시 재판부의 결정으로 정할 수 있습니다.

가사조사와 함께 당사자는 상대방의 유책행위를 입증하고, 재산내역을 정리하고 기여도를 주장하며, 친권·양육권·양육비·면접교섭에 관한 내용도 정리합니다.

이혼소송은 대략 8~12개월이 소요되긴 하지만, 4~5개월 안에 종결하는 때도 있고, 2년이 걸리는 사건도 있는 등 부부마다 개별사건마다 소송 기간이 다릅니다. 몇 번의 재판(변론기일)을 하고 나면, 최종적으로 판결선고기일이 지정되고, 재판부는 부부의 주장 및 증거를 종합적으로 고려해서 판결을 선고합니다.

이혼소송에서 패소할 경우 정당한 사유가 있지 않은 한 동일한 사유로 다시 소를 제기할 수 없습니다. 판결에 대해 불복이 있으면 판결정본 송달 전 또는 판결정본이 송달된 날부터 14일 이내 항소 또는 상고할 수 있습니다. 이혼 판결이 확정되면 부부 중 일방은 재판의 확정일부터 1개월 이내에 이혼신고서에 재판서의 등본 및 확정증명서를 첨부해서 등록기준지 또는 주소지 관할 시(구)·읍·면사무소에 이혼신고를 해야 합니다. 다만 이혼소송에 따른 이혼신고는 보고적 신고로 신고 여부와 상관없이 판결 확정으로 이혼의 효과가 발생한 상태입니다. 즉 협의이혼은 최종 관공서에 이혼신고를 하여야만 이혼이 성립하지만, 재판상 이혼은 판결 확정이 되면 관공서에 이혼신고하지 않더라도 이혼이 성립합니다.

이혼여부 및 이혼조건에 대한 갈등이 있거나 협의이혼을 진행하기 어려운 상황이라면 이혼소송을 선택할 수 있습니다. 이혼합의를 위해 배우자와 갈등을 겪으며 고통받기보다 대리인을 통해 법원의 판단을 받는 것도 현명한 선택일 것입니다.

Chapter 2

이혼사유

01

배우자의 부정행위
(불륜, 간통, 외도 등)

민법 제840조는 재판상 이혼사유로 다음 여섯 가지를 규정하고 있습니다.

1. 배우자에 부정한 행위가 있었을 때
2. 배우자가 악의로 다른 일방을 유기한 때
3. 배우자 또는 그 직계존속으로부터 심히 부당한 대우를 받았을 때
4. 자기의 직계존속이 배우자로부터 심히 부당한 대우를 받았을 때
5. 배우자의 생사가 3년 이상 분명하지 아니한 때
6. 기타 혼인을 계속하기 어려운 중대한 사유가 있을 때

이 중 민법 제840조 제1호 사유인 배우자의 부정행위는 불륜·간통·외도·바람 등으로 불리며, 가장 대표적인 이혼사유입니다.

부부에겐 동거하며 서로 부양하고 협조해야 할 의무가 있습니다.

부부는 정신적·육체적·경제적으로 결합된 공동체로서 서로 보호하여 부부공동생활로서의 혼인이 유지되도록 상호 간에 포괄적으로 협력할 의무를 부담하고 그에 관한 권리를 가집니다. 이러한 동거의무 내지 부부공동생활 유지의무의 내용으로서 부부는 부정행위를 하지 아니하여야 하는 성적 성실의무를 부담합니다. 이에 따라 부부의 일방이 부정행위를 한 경우에는 민법 제840조에 따라 재판상 이혼사유가 되고, 부부의 일방은 그로 인하여 배우자가 입게 된 정신적 고통에 대하여 불법행위에 의한 손해배상책임을 지게 됩니다.

여기서 말하는 배우자의 부정한 행위라 함은 배우자로서의 정조의무에 충실치 못한 일체의 행위를 포함하며, 간통을 포함하는 보다 넓은 개념으로서 간통까지는 이르지 아니하나 부부의 정조의무에 충실하지 아니한 일체의 부정한 행위를 말합니다(87므5, 6). 즉 부정행위는 배우자로서의 정조의무에 위반되는 일체의 정숙하지 못한 행위를 의미하며, 간통보다는 넓은 개념으로 이해합니다. 부정행위인지 여부는 개개의 구체적인 사안에 따라 그 정도와 상황을 참작해서 평가합니다.

따라서 부정한 성관계 등을 입증할 필요까진 없으며, "자기야 사랑해" 등 정서적 불륜을 카카오톡, 문자 등으로 입증해도 무방합니다. 다만, 성관계 등 부정행위 정도가 심하다면 위자료 액수에 반영될 것입니다.

이러한 법리를 근거로, 고령이고 중풍으로 성관계 능력이 없어 실제로 성적 접촉을 전혀 못 하였다 하더라도, 배우자 아닌 자와 동거한 행위는 배우자로서의 정조의무에 충실치 못한 것으로서 부정한 행위로 판단하고 있습니다.

부정행위가 성립하려면 ① 외형적으로 부부의 순결성을 더럽히는 행위가 있어야 하고, ② 그 행위가 주관적(내심적)으로 자유로운 의사에 따라 행하여져야 합니다. 따라서 성적 접촉이 자유의사를 따른 것이라면 부정행위에 해당합니다. 그러나 강제로 강간을 당하거나 강박, 심신상실 상태에서 성적 관계를 맺은 경우에는 부정행위가 성립하지 않습니다. 즉 성적인 접촉이나 성관계가 있었다고 하더라도 강간·강제추행 등 자의에 반하여 관계가 이루어지는 경우 이혼사유에 해당하지 않습니다.

한편 부부의 정조의무는 혼인 이후 또는 사실혼 부부의 경우에는 사실혼관계 성립 이후 발생한 사건에 국한합니다. 결혼 전에 바람을 피우거나, 다른 사람과의 동거하는 등의 행동은 모두 부정행위에 해당하지 않습니다. 설사 이런 행동이 약혼 중의 벌어진 일이라고 하더라도 부정한 행위라 할 수 없습니다.

부정행위는 남편이나 아내에 따라 차이가 있을 수 없고, 단지 일회성(조건만남, 원나잇 등 일회성 접촉)으로 그친 것이든, 계속해서 교제한 것이든, 직접 대면하지 않고 문자나 SNS로 음란 대화를 나눈 것이든 불문합니다. 즉 모르는 사람과의 원나잇, 사이버 불륜 등도 모두 부정행위입니다.

다른 이성과 동거한 경우, 다른 이성의 자녀를 낳은 경우, 타인과 성관계한 경우, 배우자가 다른 사람에게서 성병에 감염된 경우, 성접대를 받은 경우, 윤락행위를 한 경우, 동성애한 경우, 타인에게 사랑한다 등 애정표현을 한 경우, 손잡고 키스하면서 데이트를 한 경우, 다른 사람과 음란한 대화를 나눈 경우, 다른 이성과 모텔을 출입한 경우 등은 부정행위의 대표적 사례입니다.

부정행위는 혼인기간(법률혼 / 사실혼)에 발생하면 성립하지만, 부부의 혼인이 파탄 난 경우에는 성립하지 않습니다. 부부가 장기간 별거하는 등의 사유로 실질적으로 부부공동생활이 파탄되어 부부공동생활의 실체가 더 이상 존재하지 아니하게 되고 객관적으로 회복할 수 없는 정도에 이른 경우에는 혼인의 본질에 해당하는 부부공동생활이 유지된다고 볼 수 없습니다(2005므1689). 따라서 비록 부부가 아직 이혼하지 아니하였지만 이처럼 실질적으로 부부공동생활이 파탄되어 회복할 수 없을 정도의 상태에 이르렀다면, 제3자가 부부의 일방과 성적인 행위를 하더라도 이를 두고 부부공동생활을 침해하거나 그 유지를 방해하는 행위라고 할 수 없고 또한 그로 인하여 배우자의 부부공동생활에 관한 권리가 침해되는 손해가 생긴다고 할 수도 없으므로, 부정행위가 성립하지 않습니다.

따라서 부부의 이혼의사가 명확하여 혼인이 파탄 난 경우(예를 들어 이혼소송 중 상대방의 이혼반소가 청구된 이후)에는 제3자와의 만남을 부정행위로 보기 어렵습니다.

그러나 일반적으로 부부간 갈등과정에서 협의이혼 숙려기간은 혼인관계 유지 등에 관한 진지한 고민의 시간이자 혼인관계 회복을 위한 노력의 시간이므로, 특별한 사정이 없는 한 협의이혼 숙려기간 중 다른 이성과 교제하는 것은 혼인관계의 유지를 방해하고 상대방의 신뢰를 훼손시키는 것으로 부정행위에 해당합니다.

한편 배우자의 부정행위를 안 날로부터 6개월 또는 부정행위가 있은 날로부터 2년이 지나면 부정행위를 이유로 이혼을 청구하지 못합니다. 두 조건 중 어느 하나라도 해당하면 적용받기 때문에, 부정행위가 있는 날로부터 적어도 2년이 경과한 이후에 부정행위의 증거를 찾았다면, 이를 원인으로 이혼을 청구하지 못합니다(그러나 민사상 불법행위를 근거로 상간남소송 등 위자료소송은 가능합니다). 다만, 사후적으로 부정행위 증거를 찾은 후 이를 이유로 부부가 극심한 갈등을 겪어 혼인이 사실상 파탄지경에 이르렀다면, 이혼소송이 가능합니다. 실무적으로도 배우자의 부정행위를 수년이 지난 후 알게 되었고 이를 원인으로 부부관계가 파탄에 이르렀다면, 이혼소송이 가능하다는 입장입니다.

부정행위에 대하여 남편이나 아내가 사전에 동의하였거나 사후에 용서하였다면, 이혼을 청구할 수 없습니다. 사전동의의 대표적인 사례는 아내가 윤락업소에서 일하는 것을 허락한 경우입니다. 실무상 문제되는 것은 부정행위에 대한 용서이며, 용서는 부정행위를 문책하지 아니한다는 사후적인 의사표시입니다. 용서는 명시적·묵시적으로 할 수 있지만 명백하게 입증이 가능해야 합니다. 따라서 배우자의 부정행위를 알면서 부부생활을 지속한 정도로는 부정행위에 대한 용서로 볼 수는 없고, 용서할 테니 자백하라고 해서 배우자가 자백한 경우에도 용서로 보지 않았던 사례가 있습니다.

부정행위로 인한 이혼소송의 경우 배우자는 물론 부정행위자인 상간녀 또는 상간남을 공동피고로 청구할 수 있으며, 이혼하면서 이혼소송과는 별도로 위자료소송(이른바 상간녀소송, 상간남소송)을 청구할 수 있습니다. 또한, 이혼하지 않고 제3자를 상대로 위자료소송(상간녀소송, 상간남소송)도 가능합니다.

02

배우자의 가출
(배우자가 악의로 유기할 때)

부부는 동거하며 서로 부양하고 협조하여야 할 의무를 부담합니다 (민법 제826조 제1항). 부부로서 당연히 지켜야 할 의무입니다. 만약 부부 중 일방이 동거·부양·협조의 의무를 어긴다면, 이는 악의의 유기로 볼 수 있습니다. 악의의 유기란 배우자가 정당한 이유 없이 위 민법상의 의무를 포기하고 다른 한쪽을 버린 경우를 뜻합니다.

이때 '악의'란 단순히 어떠한 사실을 알고 있다는 것만으로는 부족하고, 적극적으로 결과를 의욕하거나 인용하고 있어서 사회적으로 비난받을 만한 윤리적 요소를 포함한 상태를 의미합니다. 따라서 합의에 의한 별거는 악의에 해당하지 않습니다. '유기'란 동거·부양·협조 의무를 위반해서 상대방을 내쫓거나 또는 상대방을 두고 집을 나가거나 아니면 상대방으로 하여금 집을 나가게 만든 다음 돌아오지 못하게 함으로써 계속해서 부부의 의무에 응하지 않는 것을 말합니다

(2006므959).

　부부 사이에 부당하게 동거의무를 이행하지 않은 경우는 '유기'에 해당할 수 있습니다. 그런데 부부 사이의 동거·부양·협조의무를 모두 위반해야만 악의의 유기에 해당하는지, 일부 의무는 지키면서 동거의무만 이행하지 않아도 악의의 유기가 되는지 문제될 수 있습니다.

　실무에선 부부의 동거·부양·협조의무는 서로 밀접하게 상호작용하므로, 동거·부양·협조의무를 모두 위반하여야만 악의의 유기가 적용된다고 축소해석하지 않고, 각 의무가 관념상으로도 별개인 점에 비추어 부양의무의 이행 여부를 따질 필요 없이 동거의무의 위반 그 자체만으로도 악의의 유기가 된다고 보고 있습니다(91므245).

　① 남편의 부정행위를 비난하며 생후 갓난아기를 포함한 가족을 내버려 두고 가출한 경우, ② 아내가 춤바람이 나서 여러 번 가출하였고, 남편이 용서함에도 가재도구 일체를 챙겨 재차 무단가출한 경우, ③ 남편이 정신이상의 증세가 있는 처를 두고 집을 나와 입산하여 비구승이 된 경우, ④ 혼인신고 후 약 20일간 동거하다가 농사일이 힘들고 청구인의 건강이 나쁘다는 이유로 집을 나가 돌아오지 않았던 경우 모두 악의의 유기에 해당하는 사례입니다.

그러나 ① 아내가 남편의 의사에 반하여 소지품을 챙겨서 친정에 자주 간 경우, ② 아내가 출산 후 시집에서 쫓겨나서 정신이상이 생기고 이후 5~6회 시집을 들어갔다가 친정에서 질병치료를 받는 경우, ③ 별거에 당사자 쌍방 모두의 책임이 있는 경우, ④ 남편의 폭언·폭행을 견디지 못하고 가출하여 친정으로 돌아간 경우, ⑤ 남편의 사업실패로 인한 가정불화로 8년간 아내가 집을 나가 자식들의 집을 전전하며 생활한 경우, ⑥ 남편이 형수와 부적절한 외출, 여관출입을 해서 아내가 가출한 경우, ⑦ 가정불화가 심화되어 처 및 자녀들의 냉대가 극심하여지자 가장으로서 이를 피하여 자제케 하고 그 뜻을 꺾기 위하여 일시 집을 나와 별거하고 가정불화가 심히 악화된 기간 이래 생활비를 지급하지 아니한 것뿐이고 달리 부부생활을 폐지하기 위하여 가출한 것이 아닌 경우, ⑧ 처가 남편의 무관심과 행패, 사망한 전처 소생의 딸을 양육하는 과정에서의 질책, 폭언 등에 견디지 못하고 친정으로 돌아간 경우, ⑨ 부부가 가정불화로 이혼하기로 합의하고 이혼신고서나 각서를 작성하고 별거하고 있는 경우 등은 악의의 유기가 아닙니다.

즉 단순히 동거하지 않는 상태, 성격 차이로 인한 별거, 이혼소송 중에서의 별거이거나 상대방의 폭언, 폭행 등 상대방의 귀책사유로 인하여 불가피하게 집을 나간 경우에는 악의의 유기에 해당하지 않습니다(90므569).

한편 악의의 유기를 원인으로 하는 재판상 이혼청구권은 형성권으로, 법률상 그 행사기간의 제한이 없는 특징이 있습니다. 따라서 10년의 제척기간에 걸린다고 하더라도 악의의 유기 상태가 지속된다면 (예컨대, 피고가 부첩관계를 계속 유지함으로써 악의로 다른 일방을 유기하는 상태가 이혼청구 당시까지 존속되고 있는 경우) 기간 경과로 인해 이혼청구권이 소멸하지 않습니다. 따라서 악의의 유기 상태가 계속되는 상황에서는 즉 부당하게 배우자가 집을 가출한 상태라면 언제든지 이혼청구가 가능합니다.

배우자 또는 그 직계존속으로부터의 심히 부당한 대우

'배우자로부터 심히 부당한 대우를 받았을 때'라고 함은 혼인 당사자가 배우자로부터 혼인관계의 지속을 강요하는 것이 매우 가혹하다고 여겨질 정도의 폭행이나 학대(신체적·정신적 학대) 또는 중대한 모욕을 받았을 경우를 의미합니다(2003므1890).

'혼인관계의 지속을 강요하는 것이 가혹하다고 여겨질 정도'인지 즉 심히 부당한 대우인지 아닌지는 사회통념과 당사자의 신분·지위 등을 고려하여 구체적·개별적 사건에 따라 그러한 정도와 상황, 사회의 통념, 당사자의 신분·지위 등을 참작하여 평가해야 합니다.

일련의 여러 행위가 모두 합하여 배우자에 대한 심히 부당한 대우에 해당하는 경우 이러한 개개의 사실은 간접사실이므로 당사자의 주장 없이도 법원이 이를 인정할 수 있습니다(90므422). 다만 피해를 입은 당사자는 심히 부당한 대우를 받았다는 사실을 적극 주장해서, 이를 인정받아야 할 것입니다.

① 사소한 언쟁 끝에, 남편이 아내의 목을 밟고 때린 경우(4290민상828), ② 아내에게 "네 이년 나가라"라고 욕설하고 머리카락을 잡고 대문 밖으로 끌어내어 주먹으로 치고, 발로 찬 경우(4293민상101), ③ 아내의 결백을 알면서도 간통죄로 고소하고 이혼청구한 경우(65므56), ④ 간통죄로 고소하며 제3자에게 거짓증언을 부탁하여 이혼을 회책한 경우(88므504, 511), ⑤ 학력을 속였다고 트집을 잡고 유산한 아이가 다른 남자의 아이라고 괴롭힌 경우(89므808), ⑥ 남편이 혼인 초부터 처가 아기를 낳을 수 없다는 트집을 잡아 학대를 하고 이혼을 요구하여 왔고 이에 응하지 아니하면 자살하겠다고 하면서 실제로 두 차례에 걸쳐 자살한다고 농약을 마시는 소동을 벌여 이에 견디다 못한 처가 집을 나와 친정에 간 경우(90므484), ⑦ 혼인한 이후, 혼수 지참금을 가지고 오지 아니하였다는 이유로 불만을 품고 계속 구타하여 상처를 입힌 일이 있을 뿐 아니라 친가 아버지에게까지 행패를 부린 행위(86므14), ⑧ 남편이 혼인 전에 사귀던 이성을 못 잊어 아내를 학대하고, 7년간 아내에게 아무런 이유 없이 욕설과 폭행을 일삼아 오다가 나중에는 아내가 10여 일 동안 병원에 입원할 정도의 폭행을 가한 경우(82므28), ⑨ 아내와 시모 사이의 사소한 언쟁이 있는 것을 이유로 남편이 아내를 구타하여 3주간의 치료를 요하는 두부 할

창 좌측 견갑부 타박상을 입게 하고 그로 인하여 임신 5개월의 태아를 유산시키고 그 후 또다시 부부 사이의 사소한 언쟁을 이유로 남편으로부터 재차 구타를 당하여 2주간의 치료를 요하는 상해를 입은 경우(4293민공315), ⑩ 남편을 정신병자로 몰아 강제로 정신병원에 보내기 위하여 납치를 기도하고 학교에서 수업 중인 학생들 앞에서 남편에게 수갑을 채우는 행위(85므51), ⑪ 대학교수인 남편의 직장에 비방하는 투서를 하고, 학생들 앞에서 정신감정을 하자며 남편을 끌고 가려고 한 행위(85므72) 등은 모두 심히 부당한 대우에 해당하는 사례입니다.

그러나 ① 처가 혼인생활 중에 취득한 부동산을 남편 이름으로 등기하거나, 남편이 어려운 생활환경하에서 음주하여 부부싸움을 하게 되고 부부가 다투던 중에 다소 모욕적인 언사나 약간의 폭행을 한 사실이 있는 경우에는 심히 부당한 대우라고 보지 않으며(86므68, 80므9, 85므6), ② 처가 남편에게 욕설하고 남편의 직장을 찾아가 행패하고 전화로 비방하였지만, 그 원인이 남편에게 있는 경우(89므785), ③ 시어머니가 남편의 부정행위 사실을 알면서도 이를 나무라지 않고 자신에게 상처 주는 말을 하고 친정에 대해 험담을 하는 경우 정도로는 심히 부당한 대우로 판단하지 않았습니다. 다만 과거의 판례들이 인정하지 않았던 사안이라도 현재의 법 감정과 법원의 태도에 비춰 보면, 심히 부당한 대우로 인정될 여지도 있습니다.

심히 부당한 대우를 주장할 때는 이혼소송의 제소기간에 제한이 없습니다. 따라서 당사자는 형성권행사의 제척기간인 10년 안에 언제든지 이혼을 청구할 수 있습니다.

자기의 직계존속에 대한 배우자의
심히 부당한 대우

'자기의 직계존속이 배우자로부터 심히 부당한 대우를 받았을 때'라고 함은 혼인 당사자 일방의 직계존속이 상대방 배우자로부터 혼인관계의 지속을 강요하는 것이 매우 가혹하다고 여겨질 정도의 폭행이나 학대(신체적·정신적 학대) 또는 중대한 모욕을 받았을 경우를 의미합니다.

배우자가 자신의 부모님에게 모욕적인 말을 하거나 폭행·폭력을 가한 경우에는 심히 부당한 대우에 해당한다고 할 것입니다.

심히 부당한 대우의 판단기준은 위 03항 배우자 또는 그 직계존속으로부터의 심히 부당한 대우를 받았을 때와 동일하며, '혼인관계의 지속을 강요하는 것이 가혹하다고 여겨질 정도'인지 여부는 사회통념과 당사자의 신분·지위 등을 고려하여 구체적·개별적 사건에 따라 그러한 정도와 상황, 사회의 통념, 당사자의 신분·지위 등을 참작하여 평가하고 있습니다.

예를 들어, 사위가 장모를 폭행죄로 허위고소한 경우(4290민상828), 장모의 뺨을 때리고 발로 찬 경우(4280민상37)에는 자기의 직계존속에 대한 배우자의 심히 부당한 대우에 해당합니다.

그러나 오랫동안 수모를 당하며 이혼을 요구하는 시모에 대한 다소 불손한 행위(폭행하는 시모를 상대로 이를 벗어나기 위한 일련의 행동 등)가 있었다고 한다면, 이는 자기의 직계존속에 대한 배우자의 심히 부당한 대우로 보지 않았습니다(85므37).

한편 자기의 직계존속에 대한 배우자의 심히 부당한 대우 역시 제척기간 10년 안에 언제든지 이혼을 청구할 수 있습니다.

배우자의 3년 이상 생사불명
(실종)

배우자의 생사가 3년 이상 분명하지 아니한 때에는 부부의 혼인이 파탄된 것으로 보이므로, 상대방은 행방불명된 배우자를 상대로 이혼을 청구할 수 있습니다.

이를 이유로 이혼을 청구하려면 배우자가 3년 이상 생사불명인 것과 동시에 현재까지 생사불명이어야 합니다.

'생사불명'이란 생존도 사망도 증명할 수 없는 경우이며, 생사불명의 원인이나 생사가 불명하게 된 사유가 누구의 책임에 기한 것인지는 묻지 않습니다. 즉 생사불명의 원인·이유, 과실 유무, 책임소재를 따지지 않습니다. 한편 생존이 판명되고 있는 경우에는 이는 무단가출로 이혼사유 중 악의의 유기에 관한 문제입니다.

배우자의 생사불명이란 배우자가 생존하였는지·살아 있는지 여부를 전혀 증명할 수 없는 상태가 이혼청구 당시까지 3년 이상 계속되는 것을 말합니다.

이 경우 생사불명의 기산점은 최후의 소식이 있었던 시점으로 가출의 경우 가출 시, 전쟁이나 재난의 경우에는 그 위난이 사라진 때부터 계산합니다.

배우자의 생사를 알 수 없으므로, 이혼소송 시 공시송달의 방법(법원 게시판에 게시 등)을 통해 이혼 판결을 받습니다. 다만 실무상 배우자가 가출하여 행방이 묘연하다면 3년 이상 생사불명으로 이혼청구하지 않고 악의의 유기로 이혼청구하는 경우가 대다수입니다.

한편 생사불명을 이유로 이혼 판결이 확정된 경우에는 배우자가 살아 돌아오더라도 종전의 혼인이 당연히 부활하진 않습니다.

기타 혼인을 계속하기 어려운 중대한 사유 (혼인파탄 등)

혼인은 일생의 공동생활을 목적으로 하여 부부의 실체를 이루는 신분상 계약입니다. 따라서 그 본질은 애정과 신뢰에 바탕을 둔 인격적 결합에 있습니다. 앞서 살펴본 바와 같이 부부는 동거하며 서로 부양하고 협조하여야 할 의무가 있습니다(민법 제826조 제1항). 이러한 의무는 혼인의 본질이 요청하는 바로서, 혼인생활을 하면서 부부는 신의 및 인내, 애정과 사랑으로 상대방을 이해하고 보호하며 가족을 유지를 위한 최선의 노력을 기울여야 합니다.

따라서 '혼인을 계속하기 어려운 중대한 사유가 있을 때'란 부부간의 애정과 신뢰가 바탕이 되어야 할 혼인의 본질에 상응하는 부부공동생활관계가 회복할 수 없을 정도로 파탄되고 혼인생활의 계속을 강제하는 것이 일방 배우자에게 참을 수 없는 고통이 되는 경우를 말합니다(2005므1689).

혼인파탄은 추상적·상대적 이혼사유이며 민법 제840조상의 다른 이혼사유인 구체적·절대적 이혼사유(부정행위, 심히 부당한 대우 등)에 대등할 정도의 것이어야 합니다. 혼인파탄은 반드시 일방의 유책행위에 기인할 필요는 없으며 특별한 유책행위가 없더라도 부부의 혼인생활을 계속할 중대한 사유나 합의가 있다면 파탄으로 인정할 수 있습니다.

혼인을 계속하기 어려운 중대한 사유를 판단할 때는 혼인 계속 의사의 유무, 파탄의 원인에 관한 당사자의 책임 유무, 혼인생활의 기간, 자녀의 유무, 당사자의 연령, 이혼 후의 생활보장, 기타 혼인관계의 여러 가지 사정 등을 두루 고려하여야 합니다(2020므14763). 이러한 사정을 고려하여 부부의 혼인관계가 돌이킬 수 없을 정도로 파탄되었다고 인정된다면 파탄의 원인에 대한 원고의 책임이 피고의 책임보다 더 무겁다고 인정되지 않는 한 이혼청구를 받아들여야 합니다.

법원은 혼인을 계속하기 어려운 중대한 사유를 특정해서 일률적으로 판단하지 않습니다.

다만 사안의 심각 정도에 따라 ① 부당한 피임, ② 성병의 감염, ③ 정당한 이유 없는 성교거부(62드12), ④ 성적 기능의 불완전으로 정상적인 성생활이 불가능한 경우, 즉 성교불능(65므65), ⑤ 애정상실,

⑥ 불치의 심각한 정신병(90므446), ⑦ 성격의 극심한 불일치 및 갈등(63다750, 85므72), ⑧ 장기간 별거(90므552), ⑨ 부정행위로 인한 부부싸움, ⑩ 가출, ⑪ 심히 과도한 신앙생활과 종교갈등(96므851), ⑫ 매우 심각한 알코올 중독(2007드단15700), ⑬ 마약중독(4293민2025, 62가2063), ⑭ 타인과의 내연관계 끝에 자녀를 출산한 경우(85므85), ⑮ 자녀에 대한 정신적·육체적 모욕 또는 가해, ⑯ 심한 의처증·의부증(79므37, 80므47), ⑰ 배우자의 방탕한 생활, ⑱ 상습 도박(91므559), ⑲ 낭비, 지나친 사치 등으로 가족의 경제상황에 심각한 위협이 있는 경우, 배우자의 범죄행위(74므1, 강간 등 성범죄로 징역형을 받아 복역 중인 경우) 등은 혼인을 계속하기 어려운 중대한 사유로 판단할 수 있습니다. 또한, 식물인간 상태가 지속되는 상황을 혼인파탄으로 인정하여 이혼한 사례도 있습니다(2009드단93582, 7년 이상 식물인간 상태와 배우자 부모의 이혼동의).

그러나 임신 불능, 부부가 별거하기로 합의한 경우, 단순한 성격 차이, 협의이혼하기로 하고 위자료를 주고받거나 재산분배를 하였지만 아직 협의이혼절차를 진행하지 않은 경우(96므226), 성기능이 원활하지 못한 경우(2009므2413, 전문적인 치료와 조력을 받으면 정상적인 성생활로 돌아갈 가능성이 있는 경우에는 일시적인 성기능의 장애가 있거나 부부간의 성적인 접촉이 단기간 부존재), 무정자증, 단순한 신앙의 차이, 약혼 중의 부정행위 등은 혼인을 계속하기 어려운 중

대한 사유에 해당하지 않습니다.

이처럼 혼인을 계속하기 어려운 중대한 사유는 예컨대 성격 차이 종교갈등이라고 하더라도 개별 사안마다 이혼사유로 인정되기도 하며, 인정되지 않기도 합니다. 따라서 해당 사유에 의한 부부의 갈등이 얼마나 극심한지, 이로 인한 혼인의 파탄 정도가 얼마나 심각한지 등 부부생활이 아예 회복할 수 없을 정도라는 점을 증명하여야 하며, 이런 혼인생활을 계속 강제하는 것이 일방 배우자에게 참을 수 없는 고통이 되어야 합니다.

혼인파탄이라는 추상적·상대적 이혼 원인은 이를 입증하기 어려운 현실적 문제와 이혼의 유책주의 측면에서 단독으로 혼인파탄을 주장하는 경우보다는 다른 유책행위(예컨대, 부정행위나 심히 부당한 대우)와 함께 주장하는 경우가 많습니다.

혼인생활을 계속하기 어려운 중대한 사유는 이러한 사유로 인하여 이혼소송 청구 시까지 혼인파탄상태가 지속되기 때문에 혼인파탄 사유가 존재하는 동안 언제든지 재판상 이혼을 청구할 수 있습니다. 따라서 따로 제척기간을 고려하진 않고, 현시점에 혼인파탄 사유가 있다면, 이혼소송을 할 수 있습니다.

유책배우자의 이혼

　혼인생활의 파탄에 대하여 주된 책임이 있는 배우자(이를 유책배우자라고 합니다)는 원칙적으로 그 파탄을 사유로 하여 이혼을 청구할 수 없습니다(2013므568).

　혼인파탄을 자초한 사람이 이혼을 청구하는 것은 도덕성에 근본적으로 배치되며, 이를 인정하면 배우자 일방이 의사만으로 마음대로 이혼이 가능하게 됩니다. 또한, 실질적으로 축출이혼이 될 수 있으므로, 법원은 유책배우자의 이혼청구를 배척해 왔고, 이는 확립된 기본 법리입니다.

　다만 혼인관계가 부부 양쪽의 책임 있는 사유로 파탄되었다고 한다면, 그 책임의 경중을 가려야만 하고 단지 상대방에게 책임 있는 사유로 인하여 혼인관계가 파탄에 이르렀다고 보기 어렵다고 해서 이혼청구를 배척해서는 안 되며(94므130), 원고의 잘못이 있더라도 파탄에 대한 책임이 피고가 더 무겁다고 인정되지 않는 한 원고의 이혼청구를 인용해야 할 것입니다(2020므14763).

한편 유책배우자의 이혼청구는 원칙적으로 허용되지 않으나, 특별한 사정이 있는 경우 법원은 예외적으로 파탄주의적 판단 아래 유책배우자의 이혼청구를 인정하고 있습니다.

유책배우자의 이혼청구를 예외적으로 허용할 수 있는지 판단할 때는 유책배우자 책임의 태양·정도, 상대방 배우자의 혼인 계속 의사, 유책배우자에 대한 감정, 당사자의 연령, 혼인생활의 기간과 혼인 후의 구체적인 생활관계, 별거 기간, 부부간의 별거 후에 형성된 생활관계, 혼인생활의 파탄 후 여러 사정의 변경 여부, 이혼이 인정될 경우의 상대방 배우자의 정신적·사회적·경제적 상태와 생활보장의 정도, 미성년 자녀의 양육·교육·복지의 상황, 그 밖의 혼인관계의 여러 사정을 두루 고려해야 하며, 아래와 같은 예외사유가 존재하여야 합니다.

① 상대방도 혼인을 지속할 의사가 없음이 객관적으로 명백함에도 불구하고 오기나 보복적 감정에서 이혼에 불응하는 등의 특별한 사정이 있는 경우(2004므1378).

② 유책배우자의 이혼청구에 대해 상대방이 반소로 이혼청구를 하는 경우(실무상 혼인파탄을 이유로 이혼 성립).

③ 일방의 유책성을 상쇄할 정도로 상대방 배우자 및 자녀에 대한 보호와 배려가 이루어진 경우(2013므568).

④ 세월의 경과에 따라 유책배우자의 유책성과 상대방 배우자가 받은 정신적 고통이 점차 약화되어 쌍방의 책임의 경중을 엄밀히 따지는 것이 더 이상 무의미할 정도, 즉 부부 쌍방의 책임이 동등하거나 경중을 가리기 어려운 경우(2013므568, 다만 이러한 경우에도 혼인관계가 당사자 양쪽의 책임 있는 사유로 파탄에 이르렀다고 판단된다면 부부 책임의 경중을 가려야 합니다. 단순히 유책행위가 존재한다고 이혼청구를 기각하여서는 안 됩니다).

⑤ 이혼을 구하는 배우자의 유책행위와 혼인파탄과의 사이에 인과관계가 없는 경우(즉 다른 원인에 의하여 혼인이 이미 파탄 난 경우에는 그 이후 유책행위가 있다고 하더라도 이혼청구를 배척하지 않아야 합니다).

위와 같은 특별한 사정이 있다면, 예외적으로 유책배우자의 이혼청구가 가능합니다. 반대로 예외적으로 이혼이 가능한 특별한 사정이

증명되지 않는 한 유책배우자의 이혼청구는 받아들여지지 않습니다.

① 청구인(남편)의 외박으로 싸움 끝에 이혼하기로 합의하고 협의
이혼의사확인을 받았으나 이혼신고는 하지 않고 3개월간 같이 지내
다가 그 후 청구인이 스스로 가출하여 다른 여자와 동거하면서 다달
이 생활비로 월급 일부를 피청구인(처)에게 송금하였고 피청구인이
거주하던 아파트를 처분하여 집 마련 비용 및 딸 교육비로 금원을 지
급하였고 피청구인은 청구인의 가출 후에도 종전의 그들의 주거지에
서 생활하고 있는 사실을 고려하면 혼인 파경의 귀책자는 청구인(남
편)이고, 예외적 사유에 해당하지 않아 그의 이혼청구는 허용될 수 없
다는 사례(83므11).

② 혼인의 파탄에 관하여 유책배우자는 그 파탄을 원인으로 이혼을
청구할 수 없는바, 이는 혼인의 파탄을 자초한 자에게 재판상 이혼청
구권을 인정하는 것은 혼인제도가 요구하고 있는 도덕성에 근본적으
로 배치되고 배우자 일방의 의사에 의한 이혼 내지는 축출이혼을 시
인하는 부당한 결과가 되므로 혼인의 파탄에도 불구하고 이혼을 희
망하지 않고 있는 상대 배우자의 의사에 반하여 이혼을 할 수 없도록
하려는 것일 뿐, 상대 배우자에게도 그 혼인을 계속할 의사가 없음이
객관적으로 명백한 경우에까지 파탄된 혼인의 계속을 강제하려는 취
지는 아니므로, 부정행위를 저지른 배우자를 간통죄로 고소할 수 있

음은 혼인의 순결을 보장하기 위하여 법률이 인정한 권리이고 부정행위를 저지른 배우자가 그 잘못을 뉘우친다 하여 반드시 고소를 취소하여 용서하여 주고 혼인을 계속하여야 할 의무가 발생하는 것도 아니므로, 상대 배우자가 부정행위를 저지른 유책배우자를 끝내 용서하지 아니하였다 하더라도 그 혼인의 파탄에 관하여 상대 배우자에게도 그 책임이 있다고는 볼 수 없다는 사례(86므28).

③ 일방 배우자의 책임 있는 사유(악의의 유기)로 인하여 혼인생활이 파탄에 빠지게 된 이후에 그 갈등을 해소하려는 과정에서 상대방이 재판상 이혼사유에 해당할 수도 있는 잘못(직계존속에 대한 폭행)을 저질렀더라도 그 잘못이 상대방의 유책사유로 인한 혼인의 파탄과는 관계없이 저질러졌다거나 그 정도가 상대방의 유책사유에 비하여 현저하게 책임이 무거운 것이라는 등의 특별한 사정이 없는 한 혼인을 파탄시킨 유책배우자가 이를 사유로 삼아 이혼을 청구할 수는 없는 것이고 그러한 갈등이 쌓여서 혼인관계가 돌이킬 수 없을 정도에 이르렀다 하여도 상대방이 사실은 혼인을 계속할 의사 없이 오로지 배우자를 괴롭힐 의사로 표면적으로만 이혼에 응하지 아니하고 있다는 등의 특별한 사정이 있는 경우가 아니라면 혼인을 파탄에 이르게 한 사유에 관하여 당초 책임 있는 배우자는 이혼을 청구할 수 없다는 사례(89므112).

한편 법원은 유책행위의 피해자가 먼저 이혼청구를 하였다가 유책배우자에게 별다른 재산이 없어 재산분할로 받을 수 있는 금원이 적다는 이유로 이혼청구를 포기해서, 결국 유책배우자의 이혼반소만 남은 상황에서(즉 양측이 이혼소송을 제기하였고, 본소만 취하한 사례), 이러한 반소청구를 유책배우자의 이혼청구에 불과하므로, 이혼을 배척하기도 하였습니다.

이혼의 개별적 사유와
소송 가능 기간

민법 제840조는 개별적 구체적인 이혼사유(1~5호)와 일반적 추상적 이혼사유(6호)를 규정하고 있습니다. 이혼 당사자가 여러 개의 이혼사유를 주장하는 경우 그중 어느 하나를 받아들여 이혼을 인용할 수 있으며, 이혼청구 기각 후 재차 이혼소송에서 다른 사유를 들어 이혼을 주장할 수도 있습니다. 예를 들어 폭행을 원인으로 이혼을 청구하였다가 패소한 후, 불륜·부정행위를 새로 주장하면서 이혼청구할 수 있으며 부정행위가 입증된다면 이혼할 수 있습니다.

부정행위를 원인으로 한 이혼청구권은 다른 한쪽이 사전동의나 사후용서를 한 때 또는 부정행위를 파악한 날부터 6월, 그 사유가 있는 날부터 2년 안에 행사하지 아니하면 소멸합니다. 다만 과거 부정행위로 인해 부부가 극심한 갈등을 겪게 되어 혼인이 완전히 파탄되었다면 이를 원인으로 한, 즉 혼인파탄을 이유로 한 이혼청구는 가능합니다.

혼인을 계속하기 어려운 중대한 사유를 원인으로 하는 이혼청구권 또한 그 사유를 안 날부터 6월, 그 사유가 있는 날부터 2년 안에 행사하지 아니하면 소멸합니다. 다만 혼인을 계속하기 어려운 중대한 사유는 통상 이혼소송 제기 시까지 계속되고 있으므로 실무상 제척기간이 적용될 여지는 없습니다(2000므1561).

다른 이혼원인인 민법 제840조 제2호 내지 제5호의 각 사유에 대하여는 따로 제척기간의 규정이 없습니다. 다만 이혼청구권은 행사기간을 정하지 않은 형성권이므로 특별한 존속기간의 정함이 없는 한 10년의 제척기간에 걸립니다.

다만 법원은 민법 제842조의 제척기간에 관한 규정은 민법 제840조 제6호의 사유에 기한 이혼청구에만 적용될 뿐 민법 제840조 제3호의 사유에 기한 이혼청구에 유추적용될 수 없다고 하며, 악의의 유기를 원인으로 하는 재판상 이혼청구권이 법률상 그 행사기간의 제한이 없는 형성권으로서 10년의 제척기간에 걸린다고 하더라도 피고가 부첩관계를 계속 유지함으로써 민법 제840조 제2호에 해당하는 배우자가 악의로 다른 한쪽을 유기하는 것이 이혼청구 당시까지 존속되고 있는 경우에는 기간 경과에 의하여 이혼청구권이 소멸할 여지는 없다고 판단하였고, 따라서 개별적 이혼사유가 이혼을 청구하는 당시까지 존재할 때에는 제척기간과 상관없이 이혼청구가 가능합니다.

Chapter 3

이혼 위자료

01

이혼 위자료 산정기준

부부가 이혼하는 경우, 이혼에 대한 책임이 있는 배우자(이른바 유책배우자)에게 이혼으로 인한 정신적 고통에 대한 손해배상인 위자료를 청구할 수 있습니다.

이혼으로 인한 위자료 청구는 재판상 이혼뿐만 아니라 협의이혼, 조정이혼, 화해권고결정에 의한 이혼, 혼인 무효, 혼인·취소의 경우에도 가능합니다. 손해에는 재산상 손해와 정신적 손해를 모두 포함하지만, 실무상 재산상 손해를 논하는 경우는 드뭅니다. 다만 위자료에는 과실상계의 규정이 준용되므로 부부 쌍방이 혼인파탄에 비슷한 정도의 책임이 있는 경우에는 일방의 위자료 청구가 기각될 수 있습니다.

위자료는 이혼의 원인을 제공한 사람이면 배우자를 포함하여 제3

자에게 청구가 가능합니다. 배우자가 혼인파탄에 책임이 있다면, 부정행위를 저지르거나 폭언·폭행·가출을 하였다면, 그 배우자를 상대로 위자료 청구가 가능하며, 상간녀, 상간남 등 제3자가 혼인파탄에 책임이 있다면 즉 배우자와 불륜이나 간통 등 부정행위를 자행하였다면, 그 제3자에게 위자료를 청구할 수 있습니다.

시부모나 장인·장모는 이혼의 직접 당사자는 아닙니다. 하지만 부부 중 일방을 심하게 학대하거나 부정행위를 오히려 적극적으로 조장하거나 부부의 혼인생활에 지나치게 간섭하여 혼인을 파탄으로 만들었다면 이는 불법행위를 구성하게 됩니다. 이런 경우 시부모, 장인·장모 등도 손해배상의 책임을 집니다.

그러나 이미 혼인이 파탄 난 상태라면, 상간자인 제3자에 대한 위자료는 성립하지 않습니다. 만약 부부가 불화와 장기간의 별거로 부부공동생활이 파탄되어 부부생활의 실체가 더는 존재하지 않고 객관적으로 회복할 수 없는 정도에 이른 상황이라면 제3자가 부부의 일방과 부적절한 관계를 맺었다고 하더라도 상대 배우자는 제3자에게 손해배상을 청구할 수 없습니다.

이혼 위자료 청구권은 원칙적으로 일신전속적 권리로서 양도나 상속 등 승계가 되지 않습니다. 하지만 위자료 청구권은 행사상 일신전속권이라서 그 청구권자가 위자료의 지급을 구하는 소송을 제기함으로써 청구권을 행사할 의사가 외부적 객관적으로 명백하다면, 양도나 상속 등 승계가 가능합니다.

이혼 위자료는 부부 일방의 유책으로 이혼하게 된 사람의 정신적 고통을 배상하기 위한 것입니다. 반면 이혼 재산분할은 혼인 중 부부가 공동으로 모은 재산에 대해 부부 각자의 기여도에 따른 상환을 청구하는 것이므로, 양 권리의 발생근거, 입법취지, 재판절차 진행 등 여러 가지 관점에서 차이가 있습니다. 법원도 위자료와 재산분할을 별개의 제도·권리로 보고 있으므로, 이혼을 청구하는 자는 위자료 및 재산분할을 개별적으로 청구하여야 합니다.

위자료를 받는 사람은 따로 증여세, 소득세를 내지 않습니다(위자료는 증여, 소득과 관련 없습니다). 다만 위자료로 부동산을 받는 경우 취득세 등을 내게 됩니다. 위자료를 지급하는 사람에게 따로 세금을 부과하는 경우는 없지만, 위자료를 부동산으로 지급하는 경우에는 양도소득세가 발생할 수 있습니다. 다만 실무상 위자료는 현금 지급이 대부분이라서, 위자료로 부동산을 주고받는 경우는 흔치 않습니다.

부부가 이혼하는 경우의 위자료 청구권은 이혼 시점을 기준으로 그 손해 또는 가해자를 안 날부터 3년이 지나면 시효로 인해 소멸합니다. 실무상 이혼소송을 하는 경우에는 위자료 청구를 병합 청구하는 것이 일반적이므로 위자료 청구권의 행사 기간이 문제 되지 않습니다. 그러나 협의이혼하는 경우에는 위자료에 대한 합의 없이 이혼할 수 있으므로, 이런 경우에는 이혼한 날(협의이혼의 경우 이혼신고일, 재판상 이혼의 경우 이혼 판결 확정일)부터 3년 이내에 위자료소송을 제기해야만 위자료를 받을 수 있습니다.

한편, 이혼 시 지급하기로 약정한 위자료를 지급하였다면 위자료 청구권은 소멸합니다. 법원은 협의이혼 약정 시 청구인이 피청구인에게 이혼 위자료 조로 소정의 금원을 지급하기로 약정한 후 그 약정대로 돈을 지급하였다면, 당사자 쌍방의 의사는 어디까지나 협의이혼이건 재판상 이혼이건 간에 그 부부관계를 완전히 청산하는 것을 전제로 위자료 조로 돈을 지급한 취지라고 볼 것이므로, 피청구인의 위자료 청구권은 소멸하였다고 판단하고 있습니다(83므20).

02

이혼 위자료의 실제

　위자료는 이혼에 이르게 된 경위와 정도, 혼인관계 파탄의 원인과 책임, 당사자의 재산상태 및 생활 정도, 당사자의 연령, 직업 등 변론에 나타나는 모든 사정을 고려해서 정합니다. 따라서 위자료는 부부의 다양한 사정과 형편, 사실관계에 따라 책정하며, 각 사건에 따라 개별적으로 정해집니다.

[실제 가정법원 주요판결 공개사례]

　① 갑은 유학생활 후 해외 회사에 취업한 을과 해외에서 신혼생활을 하기로 하고, 갑, 을은 해외에서 혼인신고를 하고 갑의 영주권 신청을 하였으며, 약 2년 후 국내에서 결혼식을 올리고 혼인신고도 하였으나 갑은 결혼식 직후 외국 생활에 적응하기 어려울 것 같다는 이유로 해외로 가지 않겠다고 하였고 이에 을은 혼자 출국하였고, 을이

수차례 마음을 돌리기 위해 연락을 취하였음에도 갑은 연락을 받지 않고 혼인취소를 요구하다가 몇 달 후 이혼, 위자료 및 해외에 있는 자신의 짐을 인도하라는 이 사건 소를 제기하였고, 소송 중 을도 이혼과 위자료를 청구하는 반소를 제기한 사례에서, 갑의 이민 생활에 대한 고민을 깊이 생각하지 못하고 갈등을 해결하기 위해 노력을 다하지 않은 을에게도 잘못이 있지만, 일방적으로 혼인취소를 요구하면서 대화를 단절한 갑에게 귀책사유가 더 크다고 판단하여, 갑은 혼인생활 파탄으로 인한 을의 고통을 금전으로나마 위자할 의무가 있고, 제반 사정을 참작하여 위자료 액수를 500만 원으로 결정한 사례.

② 외국인 갑과 한국인 을은 혼인신고를 마친 법률상 부부로, 갑은 결혼 전 을의 자녀를 임신하였는데, 혼인신고 이후 태아가 자연유산에 이르렀고, 을은 유산 이후 1달 동안 집에 들어오지 않겠다고 이야기한 후 1달간 외국에 가서 외국 여성과 일정을 공유하며 모텔에 드나들기도 하였고, 귀국 후 갑에게 나가라고 소리를 지르며 갑을 집에서 쫓아내자, 갑은 을을 상대로 이혼 및 위자료를 청구하는 소를 제기한 사례에서, 을은 국적이 다를 뿐만 아니라 유산으로 예민한 갑을 배려하지 않고 자신의 일정을 제대로 알리지 않은 채 부정행위로 의심될 수 있는 상황을 만들고 아무런 해명을 하지 않았으며, 갑에게 집에서 나가라고 거듭 소리쳐 혼인관계가 파탄에 이르게 하였으므로, 파탄의 주된 책임이 있고, 을은 혼인관계 파탄으로 갑이 입은 정신적 고

통에 대한 위자료를 지급할 의무가 있고, 제반 사정을 참작하여 위자료의 액수를 1,000만 원으로 결정한 사례.

③ 갑과 을은 약 8년 전 혼인신고를 마친 법률상 부부로, 을은 시부모에게 지속적으로 거짓말을 하거나 온라인 카페에서 돈을 받고 물건을 보내 주지 않아 사기죄로 벌금형을 받고, 회사 영업직으로 일하면서 남편과 시아버지의 서명 및 관련 계약서를 위조하고, 남편 명의로 휴대전화를 개통한 후 각종 결제를 하여 그들 명의로 다액의 채무를 발생시키고, 시아버지를 현혹시켜 시아버지가 출금해 놓은 수천만 원의 돈을 훔쳐 가고, 사채를 쓰면서 사채업자와 성관계를 갖고, 그 장소에 자신의 아들을 데려가기도 하였고, 남편이 말다툼 후 아이들을 데리고 나가려 하자 부엌에서 칼을 들고 와 자신의 배를 찌르고 이를 막으려는 남편에게 상해를 가한 사례에서, 부부 사이에 있어서는 안 될 행동을 함으로써 신뢰와 애정을 심각하게 손상시킨 을에게 혼인관계 파탄의 주된 책임이 있어 을은 갑에게 위자료를 지급할 의무가 있고, 제반 사정을 고려하여 위자료 액수를 3,000만 원으로 결정한 사례.

④ 갑과 을은 약 5년 전 혼인신고를 한 법률상 부부로, 갑은 약 3년 전 아들 병을 낳아 을과 함께 양육하였는데, 유전자 검사 결과 을과 병 사이에는 친생자 관계가 성립하지 않았던 사례에서, 파탄의 주된

책임은 혼인기간 중 다른 남자와 부정행위를 저지르고 병을 출산하였음에도 마치 을의 아이인 것처럼 속인 갑에게 있으므로, 혼인파탄의 원인, 책임의 정도, 혼인 지속 기간, 연령, 직업 및 경제력 등 제반 사정을 고려하여 갑이 을에게 지급할 위자료를 2,500만 원으로 결정한 사례.

⑤ 외국인 갑과 한국인 을은 외국에서 만나 혼인생활을 하다가 한국으로 들어와 세 명의 자녀를 출산하였고, 갑은 자주 자녀들을 데리고 친정이 있는 외국에 머물렀는데, 을은 약 3년 전부터 국내에서 병과 여행을 다니고 키스를 하는 등 교제하고 갑에게 이혼을 통보하는 문자를 발송한 사례에서, 갑의 책임이 전혀 없다고 보기는 어렵지만, 혼인파탄의 근본적인 책임은 혼인기간에 부정행위를 저지른 을에게 있으므로, 을의 불법행위(부정행위)로 인해 갑이 입은 정신적 손해에 대한 위자료를 제반 사정을 고려하여 3,000만 원으로 결정한 사례.

⑥ 갑, 을은 약 10년 정도 혼인관계를 지속하고 두 자녀를 둔 법률상 부부로, 혼인기간 중 을의 갑에 대한 외도 의심, 경제적 문제, 자녀들의 학업, 시댁과 처가에 대한 태도 등으로 다툼이 잦았고, 그러던 중 을이 다른 남자와 몇 달간 부정행위를 하고 갑이 그 사실을 알게 되었는데, 그럼에도 오히려 을이 갑의 외도를 계속 의심하고 수시로 연락하며 회사에 찾아오는 등 갑을 괴롭히면서 폭언과 폭력을 행사

한 사례에서, 갑, 을이 2년 정도 별거하는 상황이고, 갑, 을 모두에게 혼인관계 파탄의 책임이 있지만, 갑의 외도를 의심하면서도 다른 남자와 부정행위를 하고, 그 이후에도 갑이 일상생활을 할 수 없을 정도로 과도하게 외도를 추궁하면서 폭언과 폭언을 행사한 을에게 주된 책임이 있으므로, 혼인의 과정, 기간, 파탄의 경위, 갑, 을의 나이, 소득, 재산상태 등 제반 사정을 참작하여 을이 지급할 위자료를 1,000만 원으로 결정한 사례.

⑦ 갑과 을은 법률상 혼인관계로, 갑은 2017년경 외국 회사에 취직하여 해외에서 생활하면서 외국인 여성을 만나 외도를 하고 유흥업소를 다니며 성매매를 하는 등 방탕한 생활을 하였고, 귀국 후 몇 달 지나지 않아 집안에서 난동을 부리며 을을 폭행하다가 밤 11시경 112 신고로 경찰 출동하고, 폭행 사건 며칠 후 강압적인 성관계를 시도하여 아이를 임신하고 출산한 사례에서 갑의 부정행위, 폭언 및 폭행 등 부당한 대우로 부부관계가 더 이상 회복될 수 없을 정도로 파탄되었다고 판단하여 위자료 액수를 2,000만 원으로 결정한 사례.

⑧ 소개팅 앱을 통해 만나 장거리 연애를 해 오던 갑과 을은 교제한 지 약 1년 만에 혼인신고하였으나, 사실 갑과 을은 결혼 준비 과정에서 여러 차례 다투었고, 혼인신고 이후 갑은 을에게 폭언하면서 을을 무시하는 말을 하고, 소파 쿠션으로 을의 얼굴을 가격하고 뺨을 때리

는 등 폭행을 하여 약 3주간의 치료가 필요한 상해를 가하여 혼인신고 후 1달도 되지 않아 별거를 시작한 사례에서, 갑, 을 모두 혼인관계 회복을 위해 노력하지 않았고, 다만 그 주된 귀책사유는 혼인신고를 원하는 을의 의사에도 불구하고 이를 미루어 을의 신뢰를 얻지 못한 상태에서 아파트 매수대금의 일부를 부담할 것을 요구함으로써 양가에 갈등을 유발하였고, 혼인신고 이후에도 을의 강박에 의하여 혼인신고를 하였다면서 을에게 폭언과 폭력을 행사한 갑에게 있다고 판단하여, 제반 사정을 고려하여 갑이 부담할 위자료를 1,000만 원으로 결정한 사례.

⑨ 을이 늦게 귀가하거나 갑의 의사에 반하여 가족들과 따로 생활하는 등 가정에 소홀하였던 점, 을과 병이 부적절한 관계를 유지하였던 점 등으로 인하여 갑과 을의 혼인관계가 파탄에 이르렀으므로, 이 사건 혼인관계 파탄의 주된 책임은 을에게 있다고 보아 갑의 본소 이혼 및 위자료 청구 일부(2,500만 원)를 인용하고, 을의 반소 이혼청구 및 위자료 청구를 기각한 사례.

⑩ 갑과 을은 2011년 혼인신고를 마친 법률상 부부이고 자녀로 사건본인들을 두고 있는데, 을은 혼인기간 중 경제활동에 소극적일뿐더러 가사와 자녀양육을 갑에게 미룬 채 술, 게임, 텔레비전 시청 등 본인 위주로 생활하며 가정에 소홀하였고, 사소한 시비에도 물건을 던

지고 갑을 때리는 등 위협적인 행동을 일삼았고, 특히 2016. 10. 다투다 화가 나 '무시하지 마라'며 갑의 팔과 등, 허벅지를 때리는 등 폭행하였으며, 이후 을의 부모님이 갑의 부모님으로부터 빌린 2,000만 원을 연체하고 갑 명의의 신용카드 사용 문제 등으로 갈등이 커지자 갑부부는 시댁에서 분가하여 타지로 이사하였으나 을은 새로운 직장에서 1개월 만에 부상을 입었고, 갑은 아르바이트를 하는 등 가계를 유지하려고 노력함에도 직장 복귀를 위한 산재신청과 수술 등에 소극적인 을로 인해 힘든 상황에서 건강까지 나빠지자 자녀들을 데리고 친정으로 내려와 이 사건 이혼 등 청구의 소를 제기한 사건에서, 을의 위와 같은 행위로 인하여 혼인관계가 파탄에 이르게 됨으로써 갑이 상당한 정신적 고통을 받았을 것임은 경험칙상 명백하므로 갑의 이혼청구를 인용하고 위자료 액수를 2,000만 원으로 정한 사례.

⑪ 을이 혼인기간 중 가사와 자녀양육 책임을 갑에게 미룬 채 생활비를 제대로 지급하지 아니하는 등 가정에 소홀하였고, 사소한 시비에도 갑을 무시하고 심한 욕설과 폭언을 일삼았으며, 경제 문제로 인한 갈등 시 대화보다는 가족 간의 소송으로 해결하려고 한 사건에서, 대화와 설득을 통해 부부의 갈등을 해결해 보려는 충분한 노력 없이 집을 나가고 이 사건 소송에 이른 갑에게도 혼인관계 파탄에 일부 잘못이 있어 보이나 근본적으로는 앞서 본 바와 같이 혼인기간 동안 갑을 부당하게 대우하고, 별거 이후 부부관계 회복을 위한 어떠한 노력

도 하지 아니하였으며, 갑으로부터 이 사건 아파트 소유권을 이전받고도 다시 아들에 대한 소를 제기하는 등으로 갑과의 갈등을 키운 을에게 더 큰 책임이 있다고 판단하여 갑의 이혼청구 및 위자료 청구 일부(2,000만 원)를 인용한 사례.

⑫ 갑과 을은 2007년경부터 교제를 하여 2009. 4.경 동거를 시작하였으며, 갑이 사건본인을 임신하자 2012. 8. 혼인신고를 하기에 이르렀다. 교제기간에도 을의 음주로 다툼이 있었지만 동거 이후 을은 더 자주 술을 마시고 술을 마신 후 돌변해 물건을 던지고 주변에 욕설을 하는 등 공격적인 행동을 하였고 사건본인의 출산 후에도 안정된 직장을 갖지 않은 채 잦은 이직을 반복하며 생활비 미지급 등 가장으로서 책임감 없이 행동하고 별다른 이유 없이 부부관계를 거부하였으며 사건본인의 양육이나 가사 일에 소홀하였다. 갑은 2014. 2.경부터 주중에 사건본인을 친정에 맡기고 직장을 다니다가 주말에 귀가하는 주말부부 생활을 하였으나, 지속된 을과의 갈등으로 2014. 11.경 집을 나와 친정에서 지내며 현재까지 을과 별거하고 있다. 위와 같은 사정에 비추어 보면 갑과 을의 혼인관계는 더 이상 회복할 수 없을 정도로 파탄에 이르렀고, 이와 같이 파탄에 이르게 된 근본적이고 주된 책임은 혼인기간 중 잦은 음주와 음주 후 폭언 등 위협적인 행동을 반복하고 가장으로서 책임감 없이 가족에 대한 부양의무를 소홀히 한 을에게 있다고 보아 갑의 이혼청구 및 위자료 2,000만 원을 인용한 사례.

⑬ 을은 1986년경 미용실에 갔다가 그곳에서 미용사로 일하던 내연녀를 알게 되어 그 무렵부터 부정한 관계를 맺게 되었고 을과 내연녀 사이에 자녀가 생겼고, 그 이후로 을은 갑과의 부부관계를 가지지 아니하였다. 이후 내연녀에게 최고 월 300만 원의 생활비를 지급하고 해운대 아파트를 사 주는 등 27년 이상 아내 모르게(아내는 남편에게 혼외자가 있다는 사실도 알지 못하였다) 중혼적 사실혼 관계를 지속하여 갑에 대한 정조의무를 심각하게 위반한 점을 인정하여, 을에게 위자료 7천만 원을, 내연녀에겐 위자료 7,000만 원 중 2,000만 원에 대항 위자료를 인용한 사례.

⑭ 을과 내연녀는 장기간 부정한 행위를 하였음이 분명하고 그러한 부정한 행위가 한 원인이 되어 갑과 을이 이혼에 이르게 되었는데, 갑은 을과 협의이혼을 할 당시 그러한 사정을 전혀 고려하지 않은 상태에서 을과 재산분할 및 위자료에 관한 합의를 하였다고 봄이 타당하며, 협의이혼 시 재산분할 및 위자료에 관한 합의를 하고 그 합의가 이행되었는데 일방 배우자의 숨겨진 부정행위가 드러나자 그 배우자에게 다시 위자료 지급을 청구한 사건에서 위자료 2,000만 원을 책정한 사례.

⑮ 을은 갑과 결혼생활을 시작할 무렵부터 내연녀와 지속적인 만남을 가지고 있었고, 갑과 혼인신고를 한 무렵에는 내연녀 사이에 아

이를 가졌으며, 갑이 사건본인을 출산한 무렵에는 갑과 사건본인을 돌보기는커녕 지방근무를 한다는 거짓말을 하면서 내연녀와 결혼식을 올리고, 본격적으로 이중의 혼인생활을 시작하였으며, 그때부터 1년여 동안 갑을 속이면서 내연녀와 사실상 혼인관계를 유지한 점, 을은 갑에게 생활비를 제대로 주지 않았을 뿐만 아니라, 오히려 갑 몰래 아파트 전세금을 담보로 대출을 받아 불상의 용도로 그 대출금을 모두 사용하는 등 갑과 사건본인의 생계를 도외시한 점, 을은 갑에게 내연녀와의 사실상 혼인관계가 발각되자 오히려 갑과의 혼인관계를 정리하기에 급급하였던 점 등을 고려하여 볼 때, 을의 위와 같은 행위는 그 비난가능성이 매우 크다고 할 것이고, 그로 인하여 갑이 느꼈을 정신적 고통의 정도 또한 매우 심각하였으리라 능히 짐작할 수 있으며, 이에 더하여, 갑과 을의 혼인관계가 파탄에 이르게 된 데에 갑의 귀책사유를 찾기 어려운 점, 갑에게 별다른 자산이 없어 경제적 곤란을 겪고 있고, 을 명의의 재산은 대출담보 등으로 대부분 소진되어 재산분할을 기대하기도 어려운 점 등을 참작하여, 위자료 액수는 1억 원으로 정한 사례.

⑯ 갑은 을의 경제적 유기, 폭행·폭언, 모욕, 부부관계 거부, 종교 강요 등 부당한 대우를 이혼사유로 들고 있고, 갑에게도 을이 처한 경제적 상황을 이해하고 그를 지지하려는 노력을 소홀히 한 채 자신만의 생각과 생활방식을 고집한 잘못이 있으나, 이러한 갑의 태도는, 을

이 갑에게 한의원의 재정상황을 제대로 알리지 아니한 채 단독으로 그 수익금을 관리·처분하면서 갑을 경제적으로 소외시킨 잘못에 기인한 바가 큰 것으로 보이며, 이 사건 혼인관계가 파탄에 이르게 된 데에는 을의 책임이 더 중하다고 할 것이므로, 이에 대한 위자료를 3,000만 원으로 책정한 사례.

⑰ 갑과 을은 2009. 12.부터 동거하다가 2010. 9. 24. 혼인신고 한 법률상 부부로 그 사이에 사건본인들을 두고 있고, 을은 혼인생활 중 갑에게 자주 심한 욕설을 하면서 폭행을 하였고, 갑은 이로 인하여 3회에 걸쳐 가정폭력 피해 상담을 받기도 하였고, 갑은 2014. 3. 30.경 폭행을 피하여 집을 나와 현재까지 을과 별거 중이므로, 이와 같이 파탄에 이르게 된 근본적이고 주된 책임은 혼인기간 중 폭력을 행사한 을에게 있으며, 을이 갑에게 지급하여야 할 위자료의 액수를 2,000만 원으로 책정한 사례.

⑱ 갑은 을의 과대한 채무, 금전의 횡령과 이에 대한 거짓말, 부정행위 등을 들고 있고, 을은 갑의 폭언·폭행 및 부당한 대우, 경제적 방임 등을 들고 있다. 한편 업체의 경영상태나 생활비의 지출 등에 대한 고려 없이 을이 돈을 빼돌렸다고 일방적으로 의심하면서 을에게 계속하여 심한 욕설을 하고 심지어 공구로 위협하기도 한 갑에게도 잘못이 있으나, 인테리어 사업의 경리업무를 담당하면서 갑에게 경제

적 상황을 숨기려고 하는 등 금전관리를 투명하게 하지 못하여 갈등을 유발한 을에게도 잘못이 있는바, 쌍방 모두 부부 사이의 갈등상황에서 서로의 상황을 이해하려는 노력을 게을리한 채 다툼을 반복하면서 오히려 갈등을 심화시켰던 것으로 보이는 점 등을 고려하여 보면, 갑과 을의 혼인관계는 쌍방의 잘못으로 파탄에 이르렀다고 할 것이고, 쌍방의 책임의 정도 또한 동등한 것으로 봄이 상당하므로, 각 위자료 청구는 모두 받아들이지 않은 사례.

⑲ 갑은 을의 갑에 대한 무시와 홀대, 모욕 등을 이혼사유로 들고 있고, 을은 갑의 폭언·폭행, 다단계·도박·사채빚으로 인한 재산 탕진, 가출 등을 이혼사유로 들고 있다. 즉 갑과 을은 을의 직업상 서로 떨어져 지낸 기간이 길다 보니 생활방식, 성격 등의 차이가 커졌고 이로 인하여 을의 퇴직 후 갈등이 깊어진 것으로 보이는 점, 쌍방 모두 부부 사이의 갈등상황에서 위와 같은 차이를 극복하기 위해 노력하고 사랑과 배려로 감싸기 보다는 상대방을 힐난하기에 급급하여 오히려 갈등을 심화시켰던 것으로 보이는 점 등을 고려하여 보면, 갑과 을의 혼인관계는 쌍방의 잘못으로 파탄에 이르렀다고 할 것이고, 쌍방의 책임의 정도 또한 동등한 것으로 봄이 상당하므로, 각 위자료 청구는 모두 받아들이지 않은 사례.

Chapter 4

이혼 재산분할

재산분할의 일반론

　재산분할은 이혼 등 혼인관계를 해소하는 부부의 한쪽이 다른 쪽에게 하는 재산적 급여로서, 당사자의 협의로 분할의 액수와 방법을 정하며, 협의가 되지 않으면 법원이 당사자의 청구에 따라 이를 정하고 있습니다(민법 제839조의2, 제843조).

　재산분할은 부부 쌍방의 협력으로 이룩한 실질적인 공동재산의 분배를 목적으로 합니다(93스6). 부부가 이혼하면 부부공동생활체가 해체되며, 따라서 부부공동생활체의 재산을 청산할 필요가 있습니다. 혼인 중 형성된 재산은 사실상 부부 쌍방의 협력으로 이룩한 실질적인 공유재산이므로 이를 청산하거나 분할하는 것입니다. 재산분할에 있어서 이혼 이후 당사자들의 생활보장에 대한 배려 등 부양적 요소도 함께 고려할 수 있습니다(2010므4071).

한편, 위자료와 재산분할은 별개의 청구이지만, 이혼에 있어서 재산분할은 부부가 혼인 중에 가지고 있었던 실질상의 공동재산을 청산하여 분배함과 동시에 이혼 후에 상대방의 생활유지에 이바지하는 데 있고, 분할자의 유책행위에 의하여 입게 되는 정신적 손해를 배상하기 위한 급부로서의 성질까지 포함하여 분할 수 있습니다(2000다58804).

협의이혼과 재판상 이혼, 혼인취소의 경우에도 재산을 분할할 수 있습니다. 사실혼이 종료된 경우에도 재산분할을 청구할 수 있으며, 당사자 중 일방이 의식불명이 된 상태에서 상대방이 사실혼 관계의 해소를 주장하면서 재산분할심판청구를 한 사례도 존재합니다. 재산분할은 실질적인 부부공동재산의 분배이므로, 혼인관계의 파탄에 책임이 있는 유책배우자라도 재산분할을 청구할 수 있습니다. 그러나 중혼적 사실혼(이른바 첩)의 경우에는 재산을 나눌 수 없습니다.

한편 혼인 존속 중에는 재산분할청구를 할 수 없으며 다만 재산분할청구권을 보전하기 위한 사해행위취소나 원상회복청구는 혼인 중에도 할 수 있습니다(혼인 존속 중 부부가 합의해서 한쪽 당사자 명의로 재산을 옮기거나 부동산을 공동명의하는 방법으로, 재산을 분할·분배하는 것은 가능합니다).

이혼으로 혼인관계가 해소되면 부부간 당사자의 협의로 분할의 액수와 방법을 정하는 것이 원칙입니다. 협의가 되지 아니하거나 협의할 수 없는 때에는 가정법원에 조정신청이나 재산분할심판청구를 해서 이를 정하게 됩니다.

재산분할은 이혼이 성립한 후에 청구하는 것이지만, 이혼을 전제하며 재산분할을 병합하여 소송으로 제기할 수 있으며, 실무상으론 대부분 이혼과 재산분할을 함께 청구하고 있습니다.

부부가 아닌 제3자는 재산분할의 당사자가 될 수 없습니다. 부부 쌍방의 협력으로 이룩한 재산을 제3자 명의로 소유하고 있는 경우에는(예를 들어, 부부의 재산을 차명으로 부모님 명의로 해둔 경우 등), 제3자를 상대로는 재산분할청구가 가능하지 않으며, 이 경우 사해행위취소로 재산을 원상회복을 시켜 재산분할대상에 포함시키거나, 그 가액을 재산분할대상에 반영하는 식으로 처리하고 있습니다.

부부 사이에 재산분할협의가 성립되었다면, 협의의 이행을 청구하는 것은 가정법원의 심판대상이나 가사비송사건도 아니며, 일반적인 민사소송입니다. 그러나 협의이혼을 조건으로 일정한 액수나 부동산의 소유권을 변동시키는 재산분할협의를 하였다가 실제로 협의이혼을 하지 못하여 재판상 이혼을 하는 경우에는 조건의 불성취로 재산분할약정은 무효라고 볼 것이며(다만 법원은 부부의 재산분할합

의서를 재산분할의 참작사유로 보고 있습니다), 이런 경우에는 협의
이혼 재산분할약정을 하였음에도 불구하고 재산분할청구를 할 수 있
습니다.

혼인이 극히 단기간 내에 파탄되어 예물, 예단비, 혼수 및 가재도구
구입비, 약혼식비용, 결혼식비용 등의 반환 지급을 구하는 것은 재산
분할이 아니라 손해배상청구 및 원상회복청구의 문제입니다.

재산분할의 대상

　재산분할의 대상은 원칙적으로 혼인 중 부부 쌍방의 협력으로 이룩한 재산입니다. 쌍방의 협력에는 직업을 갖고 경제활동을 하여 소득을 얻는 등 직접적, 경제적 협력을 포함하여 가사노동, 내조 등 간접적, 비경제적 협력도 모두 포함됩니다. 원칙적으로 혼인 중 당사자 쌍방의 협력으로 이룩한 적극 / 소극 재산으로, 부부 각자 특유재산도 다른 한쪽 배우자가 그 특유재산의 유지에 협력하여 감소를 방지하였거나 증식에 협력한 경우 그 재산, 소유명의는 부부의 한쪽에게 있지만 실질적으로 부부의 공유에 속하는 재산, 소유명의가 제3자로 되어 있지만 사실상 부부의 한쪽 또는 쌍방의 공유재산이라면 재산분할대상입니다.

[특유재산]

　민법은 부부별산제를 채택하고 있으므로, 부부의 재산은 특유재산이거나 공유재산의 형태로 존재합니다. 이 중 특유재산(혼인 전부터 가진 고유재산과 혼인 중 자기의 명의로 취득한 재산)은 원칙적으로 재산분할의 대상이 될 수 없습니다. 부부 쌍방의 협력과는 무관하기 때문입니다. 예컨대 상속재산이나 부모님에게서 받은 증여재산 등은 배우자와 무관한 재산입니다.

　그러나 이러한 특유재산이라도 다른 한쪽 배우자가 적극적으로 특유재산의 유지에 협력하여 감소를 방지하였거나 증식에 협력한 경우에는 분할의 대상이 될 수 있습니다(92므501). 대표적으로 가사노동에 전념한 배우자라도 특유재산의 유지·감소방지·증식에 적극적으로 기여한 바가 있을 경우에는 분할청구가 가능합니다(97므1486). 그러나 혼인기간이 어느 정도 계속되더라도 실질적 특유재산의 가치증가나 감소의 방지에 기여하였다고 볼 수 없다면 재산분할대상에 포함될 수 없습니다(2005므2552).

　혼인파탄 후 또는 이혼을 하기 위해 별거하고 있는 기간이나 이혼소송을 청구한 기간 중에 부부 중 일방이 독자적으로 취득 또는 상속·증여받은 재산은 당연히 특유재산으로 분할대상이 될 수 없습니다.

재산분할 후 새롭게 발견된 재산으로 이전 재판에서 재산분할대상으로 심리된 적이 전혀 없는 재산은 새로 재산분할을 청구하여 심리받을 수 있습니다. 다만 숨겨진 재산에 대한 분할청구는 이혼 후 2년안에만 가능합니다.

[부부의 공동재산]

재산분할의 대상은 '공유재산'에 한합니다. 공유재산은 소유명의는 부부 중 일방에게 있지만, 실질적으로 부부의 공유에 속하는 재산 이른바 '실질적 공유재산'이나 명의 자체가 부부의 공유에 속하는 재산 이른바 일반적 '공유재산'으로 나누어 볼 수 있으며, 둘 다 모두 재산분할의 대상으로서 공유재산입니다.

부부의 공동재산은 부부 쌍방의 공동노력·협력으로 형성된 재산으로, 주택, 부동산, 예금, 주식 등을 포함합니다. 재산의 명의가 부부 일방의 명의로 되어 있어도, 이는 '실질적 공유재산'이며 이러한 공유재산에 관하여 자신을 부분을 분할받을 수 있습니다. 공동노력 또는 협력에는 가사노동, 양육, 맞벌이를 모두 포함합니다.

예컨대, 시부모의 지원금과 부부의 저축자금으로 매수한 부동산이라 할지라도 배우자의 가사비용 조달 등 직·간접적으로 재산의 유지·증가에 기여하였다면 그와 같은 쌍방의 협력으로 이룩된 재산은 재산분할대상이 됩니다.

또한, 상속재산을 기초로 형성된 재산이라 할지라도 유지·감소방지·증식에 배우자의 가사노동이 기여한 것으로 인정되는 경우에는 재산분할대상이 됩니다(다만, 이는 예외적인 경우로 배우자의 기여도가 높거나 혼인기간이 긴 경우로서, 통상적인 상속재산은 특유재산으로 보아 재산분할대상이 되지 않습니다).

[제3자에게 명의신탁한 재산]

제3자 명의의 재산은 원칙적으로 재산분할대상이 아닙니다. 그러나 부부 쌍방의 노력과 협력에 의하여 형성된 재산으로 재산의 명의만 제3자의 명의로 되어 있는 이른바 명의신탁된 재산이라면, 재산분할대상으로 포함할 수 있습니다. 예컨대, 부부의 돈으로 마련한 부동산이 단지 시부모 명의로만 등기되어 있는 경우, 부부의 미성년 자녀 명의 부동산이나 부부 사이의 자녀 명의 예금인출액 등 부부의 일방이 실질적으로 지배하고 있는 재산이라면 재산분할의 대상이 됩니다.

다만 제3자에게 명의신탁된 재산이라도 그 제3자를 상대로 직접 재산분할청구를 할 수 없습니다. 제3자의 재산을 분할대상으로 삼더라도 실제 법원에서 제3자 명의의 재산 자체의 분할을 명할 수는 없으므로, 그러한 재산의 가액을 산정하여 이를 부부의 재산분할대상으로 삼거나 다른 재산분할에 참작하는 방식으로 처리하는 것이 실무입니다.

[배우자 소유 법인의 재산]

부부 중 일방이 실질적으로 혼자서 지배하고 있는 주식회사(이른바 1인 회사)의 재산은 재산분할대상에 포함되지 않습니다. 1인 회사라고 하더라도 회사 소유의 재산을 곧바로 회사 소유주 개인의 재산으로 평가할 수 없으며, 단지 회사의 가치를 종합적으로 평가하여 주주에게 개인적으로 귀속되고 있는 재산가치를 산정하는 방식을 고려해야 합니다. 한편, 이러한 주식의 가치에 배우자의 기여도가 존재하는지는 다툼이 있는 영역으로 개별 사안마다 종합적으로 판단해야 합니다.

[제3자 불법행위로 인한 손해배상채권]

제3자가 잘못하여 배우자에게 손해를 끼쳤고, 이와 같은 손해 때문에 손해배상채권이 발생하였더라도, 이러한 손해배상채권은 재산분할대상이 되지 않습니다. 예컨대, 근로복지공단에 대한 휴업급여, 간

병급여 등 보험급여수급채권과 제3자에 대한 손해배상채권은 재산분할대상으로 볼 수 없습니다.

[전문자격증, 학위, 면허 등]

혼인 중 일방이 상대방의 협력에 따라 변호사·의사·약사·교수·회계사·박사학위 등을 취득한 경우에는 이러한 자격으로 인해 증가된 재산취득능력을 재산분할의 평가대상에 포함할 수 있습니다. 다만 법원은 재산취득능력을 재산분할의 액수와 방법을 정하는 데 필요한 기타 사유로 참작하고 있습니다.

[개인사업자 등 개인영업]

부부 중 일방의 개인영업도 분할대상재산에 포함된다는 견해도 있습니다. 그러나 영업용 재산과 영업용 채무를 확인하거나, 그 가치를 평가하는 일은 현실적으로 어렵습니다. 실무에서는 이에 대한 입증이 명확하지 않는 경우 영업상 채무액 상당의 영업용 재산이 있는 것으로 추정해서 점포의 임대차보증금반환채권이나 권리금만을 분할대상에 포함시키지만, 이는 개별 사안마다 달리 판단할 문제입니다. 즉 배우자가 개인사업을 한다고 곧바로 권리금을 재산분할대상에 포함시키는 것은 아니며, 부부 쌍방의 협력에 관한 재산인지 개별 사안마다 종합적으로 판단하고 있습니다. 다만 영업권 그 자체는 독자적인 재산으로 인정하지 않으며, 따라서 재산분할의 대상에 포함되지 않습니다.

[연금 퇴직금 등]

퇴직급여, 퇴직연금, 국민연금 등의 연금수급권이나 명예퇴직금은 모두 부부의 재산분할의 대상이 될 수 있습니다. 퇴직급여청구권 또는 연금수급권에 대한 재산분할의 경우, 법원은 이를 재산분할대상에 포함시켜 재산분할의 액수와 방법을 정할 수 있고, 한편으로 재산분할대상에 포함시키지 않고 연금 관련 법률에 정한 분할연금 청구권 등에 관한 규정을 따르도록 분할할 수 있습니다.

[채무]

부부 중 일방이 혼인 중 제3자나 금융권에 부담한 채무는 일상가사에 관한 것 이외에는 원칙적으로 재산분할대상이 되지 않습니다. 그러나 채무가 공동재산의 형성에 수반되는 것이라면 재산분할대상입니다. 예컨대 주택융자금, 대출금을 부부의 생활비로 쓴 경우, 임대차보증금반환채무는 혼인 중 재산의 형성에 수반된 채무로서 재산분할대상으로 판단하고 있습니다. 다만 이혼 소장을 받자 배우자가 저당

권을 설정한 경우의 대출금, 유흥과 도박 채무 등은 분할대상으로 볼수 없습니다.

채무는 직접 분할하여 인수시키는 것이 어려워서(채무인수는 채권자의 승낙이 필요, 민법 제454조 제1항), 통상 분할대상인 적극재산의 가액에서 채무 상당액을 공제하는 방식으로 청산합니다.

부부의 채무 총액이 적극재산 총액을 초과하는 경우, 즉 전 재산이 빚만 있는 경우에도 채무에 대한 분할청구를 할 수 있습니다(2010므4071). 다만 일률적으로 채무를 분할하는 것은 아니며, 채무 부담의 경위, 용처, 채무의 내용과 금액, 혼인생활의 과정, 당사자의 경제적 활동능력과 장래의 전망 등 제반 사정을 종합적으로 고려하여 채무를 분담하게 할지 여부 및 분담의 방법을 정합니다. 적극 재산을 분할하는 것처럼 재산형성에 대한 기여도를 고려하여 비율을 정하며, 당연히 분할 귀속하는 방식으로 정하진 않습니다(2010므4071).

[재산분할약정서]

재산분할청구는 당사자 사이에 협의가 되지 아니하였거나 협의할수 없는 때에 할 수 있는 것이므로, 부부가 재산분할의 약정을 하였다면 이러한 약정은 유효합니다(약정서대로 이행을 청구하는 것은 민사소송의 영역입니다).

그러나 재산분할에 관한 협의가 성립하였더라도 당사자 일방이 합의내용을 이행하지 않아 상대방이 적법하게 합의를 해제한 경우에는 재산분할심판을 할 수 있습니다(93므409).

또한, 협의상 이혼을 전제로 재산분할에 관한 협의를 하였으나 협의상 이혼이 이루어지지 않은 경우 이러한 합의는 조건의 불성취로 효력이 발생하지 않으므로, 당사자는 재판상 이혼을 청구하며 재산분할을 주장할 수 있습니다(95다23156).

혼인 중 모든 재산을 배우자의 소유로 한다는 각서를 작성하는 등 부부 사이에 재산분할약정을 하였더라도 이혼을 전제로 하지 않았다면 재산분할협의가 아니므로, 재산분할을 청구할 수 있습니다(96므318).

전체 재산 중 일부는 분할에 합의하고, 나머지 재산 일부가 남아 있다면 이러한 나머지 재산에 관하여만 재산분할을 청구할 수 있습니다.

또한 이혼 및 재산분할협의를 하면서 재산분할청구를 하지 않기로 한 합의도 가능합니다. 그러나 구체화되지 않은 재산분할청구권을 혼인 중 미리 포기하는 것은 성질상 허용되지 않는 재산분할청구권의 사전포기에 불과하므로, 이혼 전에 재산분할청구권을 포기하기로 하는 합의는 유효하지 않고, 따로 재산분할을 청구할 수 있습니다.

[재산의 가액산정]

분할대상재산의 가액은 반드시 시가감정에 의하는 것은 아닙니다. 그러나 객관성과 합리성이 있는 자료에 의해야 하지, 당사자 일방의 주장이나 막연한 사정을 기초하여 가액을 정해서는 안 됩니다.

예컨대 상대방이 분할대상재산에 대해 분할대상이 아니라는 주장만 할 뿐 가액에 대해서 반박을 하지 않는다고 하더라도 일방이 주장하는 가액을 곧바로 인정할 수 없습니다. 다만 부부 모두 분할대상재산의 가액에 일치된 입장이라면, 해당 가액으로 정할 수 있습니다.

실무상 부동산의 경우 KB부동산 실거래 중위값을 활용해서 사실심 변론종결일을 기준으로 가액을 판단하고 있으며, 예금의 경우 조회시점(혼인파탄 시기인 별거 또는 이혼소송 제기시 등)의 잔고를 기준으로 삼고 있습니다.

재산분할의 기준시점과 분할비율 및 방법

분할의 대상이 되는 재산과 액수 산정의 기준시는 이혼소송의 사실심 변론종결일입니다. 협의이혼을 전제로 한 재산분할은 협의이혼이 성립한 날, 이혼신고일을 기준으로 봅니다. 사실혼 관계가 파탄된 경우에는 사실혼이 종료된 때를 기준으로 할 수 있습니다.

재산분할의 기준시는 이혼 시지만, 혼인파탄 이후 재산변동에 대해서 즉 별거 이후 또는 이혼소송 중 재산변동은 부부 중 일방에 의한 후발적 사정에 의한 것으로서 혼인 중 공동으로 형성한 재산 관계와 무관하다는 등 특별한 사정이 있는 경우 그 변동된 재산은 재산분할대상에서 제외하고 있습니다(2019므12549, 2009므3928, 2013므1455). 통상 혼인이 파탄되어 별거하였고, 별거 이후 이혼소송을 하였다면 혼인파탄 시기인 별거를 기준으로 재산분할을 하고 있으며, 그렇지 아니한 경우에는 이혼소송 제기 시점을 기준으로 판단하기도 합니다.

예컨대, 파탄 이후 재산을 매각하여 대금을 받거나 예금을 인출하였는데 해당 금원의 사용내역이 확인되지 않은 경우에는 당사자가 매각대금이나 인출한 예금을 보유하고 있다고 추정하기도 합니다. 또한, 파탄 이후 배우자가 부동산의 소유권을 제3자에게 이전하였지만, 배우자가 재산을 실질적으로 지배하고 있다면 이러한 부동산을 재산분할대상에 포함시키는 방법 또는 사해행위취소소송도 활용하고 있습니다.

재산분할대상과 기준시점 및 가액이 확정되면 법원은 당사자 쌍방의 협력으로 이룩한 재산의 액수 기타 사정을 참작하여 분할의 액수를 정합니다. 실무는 액수 자체를 정하진 않고, 전체 분할대상재산의 가액에 재산분할비율을 곱하는 방법을 활용하고 있습니다.

재산분할비율에 관하여 법원은 부부가 이혼을 할 때 쌍방의 협력으로 이룩한 재산이 있는 한, 법원으로서는 재산의 형성에 기여한 정도 등 당사자 쌍방의 일체의 사정을 참작하여 분할의 액수와 방법을 정한다는 입장이며(2012므2888), 부부 쌍방의 직업, 소득, 생활형편, 이혼 이후의 생활능력, 자녀의 친권자 및 양육자 지정에 관한 사항, 협의이혼을 전제로 재산분할에 관한 협의를 하였지만 협의이혼이 이뤄지지 않아 효력이 인정되지 않는 경우 그 협의의 내용과 협의가 이루어진 경위 및 합의서 등을 고려하여 재산분할을 할 수 있다는 입장입니다.

재산분할은 단순히 공동재산의 청산에 국한하는 것이 아니라 다양한 부양적 요소도 고려할 수 있습니다. 다만 성년 자녀에 대한 부양요소는 부모와 자녀들 사이의 문제로 재산분할의 액수를 정하는 데 참작하지 않습니다.

분할비율은 부부의 재산형성과정의 기여도가 중요합니다. 기여도는 개별재산에 대한 기여도를 말하는 것이 아니라, 전체로서 형성된 재산에 대하여 배우자로부터 분할받을 수 있는 비율을 의미합니다. 따라서 법원이 합리적인 근거 없이 분할대상재산들을 개별적으로 구분하여 분할비율을 달리 정하는 것은 허용되지 않습니다(2012므2888). 다만 부부 쌍방의 합의가 되는 부분이 있다면, 그러한 부분은 반영할 수 있습니다.

한편, 분할 방법에 있어 법원은 부부 쌍방 일체의 사정을 참작하여 분할 방법을 정할 수 있으므로, 부부 중 일방이 특정한 방법의 분할을 청구하였더라도 법원은 이에 구속되지 않고 타당하다고 생각하는 방법에 따라 분할을 할 수 있습니다(2009므3928).

재산분할의 구체적인 방법은 금전지급에 의한 분할, 현물분할, 공유로 하는 분할 등이 있습니다. 금전지급의 경우 일시지급, 일정 기간 분할지급, 총액을 정하지 않고 지급시기 및 종기와 매회 지급액만 정하는 경우도 가능하며, 부동산은 현물분할, 공유로 하는 분할의 방법을 선택할 수 있습니다.

　재산분할청구권은 이혼한 날로부터 2년이 경과하면 소멸합니다. 이는 제척기간으로 반드시 2년 내에 재산분할을 청구하여야 하며, 통상 이혼소송과 함께 청구하는 경우가 일반적입니다. 재산분할 재판의 확정 후 추가로 발견된 재산의 경우에는 추가로 재산분할청구가 가능하지만, 이 또한 이혼한 날로부터 2년의 제척기간을 지켜야 합니다.

　이혼에 따른 재산분할은 증여세, 양도소득세의 대상이 아니며(이와 달리 위자료, 양육비를 원인으로 하는 자산의 이전은 양도소득세의 과세대상입니다), 다만 재산분할로 재산을 취득한 경우 취득세는 납부해야 합니다.

04

재산분할의 실제

　실무에서는 가정법원의 분할대상재산명세표를 활용하여 재산분할 대상과 가액, 시점 등을 정리하고 있습니다.

[분할대상재산명세표]

재판부 : 제　　　가사부(또는 가사　　　단독)
사건번호 :
원고 :　　　　　　피고 :

※ 주의사항
1. 아래 표에 기재하지 않은 재산은 원칙적으로 재산분할 대상으로 고려하지 아니할 예정이므로, 원고 및 피고 모두에 대하여 그 재산으로 주장하는 것은 빠짐없이 기재할 것.
2. 해당 재산에 관하여 특이사항이 있으면 비고란에 기재할 것.
3. 구체적인 명세표의 기재요령은 별지와 같음.
  - 분할대상 재산의 확정 및 가액산정의 기준시점은 원칙적으로 이혼소송의 사실심 변론종결일임.
  - 당사자 사이에 가액에 관한 다툼이 있을 경우 해당 자료를 반드시 제출할 것. 가액에 관한 의견이 일치하는 경우 '일치진술'로 표시할 수 있음.
4. 서울가정법원 홈페이지 '자주 묻는 질문'게시판에 아래 표의 한글파일이 게시되어 있으니, 해당 파일을 다운로드 받아 작성하여도 됨(이 경우 작성한 문서를 준비서면에 파일로 첨부하기 바람).

소유자등		순번	재산의 표시	재산의 가액 (단위 : 원)	증거	비고
원고	적극재산	1	서울 성북구 길음동 ○○아파트 ○동 ○호	200,000,000	을 제1호증	
		2	○○은행 예금(계좌번호 : ○○-○○-○○)	75,000,000	갑 제2호증	2014. 1. 1. 기준
			소계	275,000,000		
	소극재산	1	서울 성북구 길음동 ○○아파트 ○동 ○호 임대차보증금반환채무	130,000,000	갑 제10호증	
			소계	130,000,000		
			원고의 순재산	145,000,000		
피고	적극재산	1	서울 강남구 역삼동 ○○아파트 ○동 ○호	320,000,000	갑 제7호증	
		2	경기 여주군 ○○면 ○○리 275 전 ○○㎡	15,000,000	시가감정 촉탁결과	
		3	○○생명보험 예상해지환급금 (증권번호 : ○○-○○-○○)	2,000,000	을 제4호증	2014. 1. 1. 기준
			소계	337,000,000		
	소극재산	1	○○은행에 대한 대출금 채무(계좌번호 : ○○-○○-○○-○)	50,000,000	금융거래정보 제출명령회신	2014. 1. 1. 기준
			소계	50,000,000		
			피고의 순재산	287,000,000		
			원·피고의 순재산의 합계	432,000,000		

① 적극재산

가. 부동산

'재산의 표시'란에 소재지번 등을 기재하고, '재산의 가액'란에 당사자가 알고 있는 현재 기준시점의 시가를 기재한 후, 부동산등기부 등본 및 시가 입증 자료[① 아파트: 국민은행 부동산 시세 자료(http://www.kbstar.com/)와 국토해양부 실거래가 자료(http://rt.molit.go.kr/) 등 ② 기타 부동산: 가급적 감정서, 공시지가 등 객관적 자료, 이러한 자료가 없을 경우 공인중개사의 확인서 등]를 첨부합니다.

나. 예금 채권

'재산의 표시'란에 금융기관의 명칭, 계좌번호를 기재하고, '재산의 가액'란에 현재 기준시점의 예금 잔액을 기재한 후, 예금통장 사본, 계좌내역, 잔액조회서 등의 자료를 첨부합니다.

다. 임대차보증금반환 채권

'재산의 표시'란에 부동산의 소재지번을 기재하고, '재산의 가액'란에 임대차보증금 금액을 기재한 후, 임대차계약서 사본을 첨부합니다.

라. 주식

'재산의 표시'란에 회사의 명칭, 주식의 수 등을 기재하고, '재산의 가액'란에 현재 기준시점의 시가를 기재한 후 주식예탁통장 사본 및 시가 입증 자료를 첨부합니다.

마. 특허권 등의 지적재산권

'재산의 표시'란에 다른 특허권 등과 구분이 가능한 정도로 권리를 표시하고, '재산의 가액'란에 당사자가 알고 있는 현재 기준시점의 시가를 기재합니다.

바. 동산

'재산의 표시'란에 동산의 종류 및 수량, 현재 있는 장소 등을 기재하고, '재산의 가액'란에 당사자가 알고 있는 현재 기준시점의 시가를 기재합니다.

사. 자동차

'재산의 표시'란에 차량번호와 모델명, 출고된 연도 등을 기재하고, '재산의 가액'란에 당사자가 알고 있는 현재 기준시점의 시가를 기재한 후, 자동차등록증 사본, 중고차 시세를 알 수 있는 자료

[해당 차량 가액이 기재된 보험계약서, 이러한 자료가 없을 경우 인터넷 중고차거래 사이트 자료, 보험개발원 차량기준가액 자료 (http://www.kidi.or.kr)]를 첨부합니다.

아. 보험

'재산의 표시'란에 보험회사, 보험의 종류 및 명칭 등을 기재하고, '재산의 가액'란에 현재 기준시점의 예상해약환급금(총 납부 보험료가 아님)을 기재한 후, 예상해약환급금확인서 등의 자료를 첨부합니다.

② 소극재산

가. 사인 간 채무

'재산의 표시'란에 채권자 성명, 차용 일시 등을 기재하고, '재산의 가액'란에 현재 기준시점의 채무액을 기재한 후 차용증 사본 등을 첨부합니다.

나. 금융기관 채무

'재산의 표시'란에 대출 금융기관의 명칭, 대출일 등을 기재하고, '재산의 가액'란에 현재 기준시점의 남아 있는 대출액을 기재한 후, 대출확인서, 부채증명서 등의 자료를 첨부합니다.

다. 임대차보증금반환 채무

'재산의 표시'란에 부동산의 소재지번을 기재하고, '재산의 가액' 란에 임대차보증금 금액을 기재한 후, 임대차계약서 사본을 첨부 합니다.

재산분할사건의 실제 판결 주문

① 금전지급

상대방은 청구인에게 재산분할로 150,000,000원 및 이에 대한 이 심판확정 다음날부터 다 갚는 날까지 연 5%의 비율에 따른 금원을 지급하라.

② 이전등기

상대방은 청구인에게 별지 목록 기재 부동산 중 1/2지분에 관하여 이 심판 확정일자 재산분할을 원인으로 한 소유권이전등기절차를 이행하라.

③ 경매분할

별지 목록 기재 부동산을 경매에 부쳐 그 대금에서 경매비용을 공제한 나머지 금액을 청구인에게 50%, 상대방에게 50%의 비율로 분할한다.

④ 이전등기 및 금전지급

3. 재산분할로

　　가. 상대방은 청구인에게 별지 제1목록 기재 부동산 중 1/2지분에 관하여 이 심판 확정일자 재산분할을 원인으로 한 소

유권이전등기절차를 이행하고,

나. 청구인은 상대방에게

　1) 별지 제2목록 기재 부동산 중 1/2지분에 관하여 이 심판 확정일자 재산분할을 원인으로 한 소유권이전등기절차를 이행하고

　2) 3,000만 원을 지급하라.

3. 재산분할로

가. 상대방은 청구인으로부터 7,000만 원을 지급받음과 동시에 청구인에게 별지 제1목록 기재 부동산 중 1/2지분에 관하여 이 심판 확정일자 재산분할을 원인으로 한 소유권이전등기절차를 이행하고,

나. 청구인은 상대방으로부터 위 가.항 기재 소유권이전등기절차를 이행받음과 동시에 상대방에게 7,000만 원을 지급하라.

⑤ 연금분할

3. 피고는 원고에게 2030. 1. 1.부터 원고가 사망하기 전날까지 피고가 매월 지급받는 국민연금액 중 50%에 해당하는 돈을 매월 말일에 지급하라.

3. 피고가 공무원연금공단으로부터 지급받게 될 공무원연금 중

원고와 피고의 혼인기간에 해당하는 연금액의 60%를 원고에게 분할한다.

3. 피고가 공무원연금공단으로부터 지급받게 될 공무원연금 중 2000. 1. 1부터 2020. 10. 18.까지의 기간에 해당하는 연금액의 50%를 원고에게 귀속하는 것으로 정한다.

Chapter 5

친권과 양육권

01

자녀의 양육에 관한 처분

부부가 혼인 중에 자녀를 낳으면 부부 사이에서 태어난 미성년 자녀의 친권과 양육권은 부부가 공동으로 행사할 수 있습니다. 그러나 부부가 이혼하면 미성년 자녀에 대한 공동친권·공동양육에 제한이 발생합니다. 따라서 이혼하는 경우에는 자녀의 양육에 관한 사항을 정해야 하며, 양육사항을 정하는 경우 부모의 협의에 따라 정해야 합니다. 협의가 이루어지지 아니하거나 협의할 수 없는 때에는 가정법원은 직원으로 또는 당사자의 청구에 따라 자녀의 의사 연령과 부모의 재산상황, 그 밖의 사정을 참작하여 양육에 필요한 사항을 결정합니다.

자녀의 양육자 지정 및 자녀의 양육에 관한 처분에 관하여는 부모의 협의가 우선이므로, 부부가 협의이혼을 하는 경우 부부는 자녀의 양육에 관한 협의서를 법원에 제출하여야 합니다. 재판상 이혼의 경우에도 가정법원은 먼저 당사자들의 협의를 권고하고 있습니다.

부모의 협의가 이루어지지 않거나 협의가 자녀의 복리에 반하는 경우 또는 이미 이루어진 협의를 자녀의 복리를 위하여 변경할 필요가 있는 경우에는 가정법원이 직권으로 양육에 관한 처분을 할 수 있습니다.

한편, 이혼 전의 별거 상태에서도 자녀의 양육에 관한 처분을 할 수 있으며, 이는 부부의 동거·부양·협조 또는 생활비용의 부담에 관한 처분으로 청구할 수 있습니다.

자녀 양육에 관한 사항으로는 ① 양육자의 결정, ② 양육비용의 부담, ③ 면접교섭권의 행사 여부 및 그 방법 등이 반드시 포함되어야 합니다.

02

친권과 양육자 지정

친권과 양육권은 미성년 자녀에 대한 부모의 권리이자 의무입니다.

[친권]

친권이란 부모가 미성년 자녀에 대해 가지는 신분·재산상의 권리와 의무를 말하며, 예컨대 자녀의 법률행위 대리를 비롯한 재산관리를 할 권리·의무라고 볼 수 있습니다. 친권은 부모가 혼인 중인 때에는 공동으로 행사하고, 이혼하는 경우 별도로 친권자를 지정해야 합니다.

친권을 행사하는 부 또는 모는 미성년자인 자녀의 법정대리인이 되고 아래와 같은 친권을 행사합니다(민법 제913조, 제914조, 제916조, 제920조).

1. 자녀를 보호·교양할 권리의무
2. 자녀가 거주하는 장소를 지정할 수 있는 거소지정권
3. 자녀가 자기명의로 취득한 특유재산에 관한 관리권
4. 자녀의 재산에 관한 법률행위의 대리권

친권자 지정이 필요한 경우는 혼인 외 출생자에 대한 인지, 부모의 협의이혼 또는 재판상 이혼, 혼인의 무효 또는 취소가 된 경우입니다.

협의이혼의 경우, 부부는 협의에 의하여 친권자를 정합니다. 부부는 협의이혼의사확인 전에 친권자결정에 관한 부부의 협의서를 제출해야 하며, 이를 제출하지 않거나 협의할 수 없는 경우에는 이혼할 수 없습니다. 또한 부부의 협의가 자녀의 복리에 반하는 경우에는 법원은 보정을 명하거나 직권으로 친권자를 정할 수 있습니다(민법 제909조 제4항).

재판상 이혼의 경우, 법원은 직권으로 친권자를 정합니다(민법 제909조 제5항). 당사자의 청구가 없더라도 법원은 직권으로 미성년 자녀의 친권자 및 양육자를 정할 수 있습니다(2013므2397). 다만 법원은 부모에게 미성년 자녀의 친권자를 누구로 지정할지에 대하여 미리 협의하도록 권고할 수 있습니다. 그러나 이런 경우에도 자녀의 복리에 반하는 합의라면 법원은 부부의 협의에 기속되지 않고, 직권으

로 친권자를 지정할 수 있습니다.

 친권은 자녀의 복지에 직접적인 영향을 미치므로, 법원은 자녀의 복리를 최우선하여 친권자를 지정하게 됩니다(민법 제912조). 법원은 친권자를 정하는 기준에 대하여, 자의 양육을 포함한 친권은 부모의 권리이자 의무로서 미성년인 자의 복지에 직접적인 영향을 미치는 것이므로 부모가 이혼하는 경우에 부모 중 누구를 미성년인 자의 친권을 행사할 자 및 양육자로 지정할 것인가를 정함에 있어서는, 미성년인 자의 성별과 연령, 그에 대한 부모의 애정과 양육의사의 유무는 물론, 양육에 필요한 경제적 능력의 유무, 부 또는 모와 미성년인 자 사이의 친밀도, 미성년인 자의 의사 등의 모든 요소를 종합적으로 고려하여 미성년인 자의 성장과 복지에 가장 도움이 되고 적합한 방향으로 판단해야 한다는 입장입니다(2008므380). 또한 자녀가 만 13세 이상인 경우에는 자녀의 의견을 청취하도록 하고 있습니다.

 친권은 일반적으로 단독친권자로 정해지는 경우가 일반적이지만, 실무상 공동친권을 인정하는 사례도 있습니다. 다만, 갈등이 심한 부부를 공동친권자를 지정하는 것은 신중하게 판단할 문제입니다.

[양육권]

한편, 양육이란 미성년 자녀를 자신의 보호하에 두고 키우면서 가르치는 것을 의미합니다. 양육권이란 이러한 미성년 자녀의 양육에 필요한 사항을 결정할 수 있는 부모의 권리를 말합니다. 부부가 혼인 중인 때에는 양육권을 공동으로 행사할 수 있지만, 이혼의 경우에는 별도의 양육자를 지정해야 합니다.

우선 부부는 서로 합의해서 자녀의 양육에 관한 사항을 결정해야 하고, 합의할 수 없거나 합의가 이루어지지 않는 경우에는 가정법원은 직권으로 또는 당사자의 청구에 따라 양육에 관한 사항을 결정합니다(민법 제837조 제1항, 제2항, 제4항).

1. 양육자의 결정
2. 양육비용의 부담
3. 면접교섭권의 행사 여부 및 그 방법

자녀가 만 13세 이상인 때에는 (자녀의 의견을 들을 수 없거나 자녀의 의견을 듣는 것이 오히려 자녀의 복지를 해할 만한 특별한 사정이 있다고 인정되는 때를 제외하고는) 양육자 지정에 앞서 자녀의 의견을 청취합니다.

양육자를 지정함에는 친권자와 마찬가지로 자녀의 복리를 최우선으로 고려해야 합니다. 미성년인 자의 성별과 연령, 그에 대한 부모의 애정과 양육의사의 유무는 물론, 양육에 필요한 경제적 능력의 유무, 부 또는 모와 미성년인 자 사이의 친밀도, 미성년인 자의 의사 등의 모든 요소를 종합적으로 고려하여 미성년인 자의 성장과 복지에 가장 도움이 되고 적합한 방향으로 판단하여야 하며(2008므380), 자녀의 의사, 양육의 적합성, 양육보조자의 유무(제3자에 대한 양육 위임 가능성, 양육자에게 직장이 있는 경우 나이 어린 자녀는 양육하기 어려운 상황을 고려하여 양육보조자가 필요), 부모의 소득, 부모의 건강 상태, 유대관계 및 애착 형성 정도, 과거의 양육상황 및 환경, 현재의 양육상황 및 환경을 종합적으로 고려해야 합니다. 따라서 재판상 이혼의 경우 가사조사관이 양육상태나 양육자의 적격성 등을 조사하기도 합니다.

미성년 자녀의 양육자는 단독양육자로 지정하는 것이 일반적입니다(이혼하면 부부는 따로 살고, 자녀는 부모 중 한 사람과 함께 살기 때문입니다). 다만 부모의 양육 의지 및 환경, 자녀의 의사, 그 외 모든 사정을 종합하여 공동양육이 미성년 자녀의 복리에 부합될 때에는 특별히 부모 모두를 양육자로 지정할 수 있습니다.

기한을 설정한 양육이나 조건부 양육(예컨대 자녀가 중학교까진

어머니가 키우고, 그 이후엔 아버지가 양육하는 방식 등), 형제자매의 분리 지정도 가능하며, 다만 이런 경우 자녀와 충분히 상의한 후 양육자를 지정해야 합니다.

이혼에 대한 양육사항이 정해지더라도 부모와 자녀 사이의 권리의무에 변화는 없습니다(민법 제837조 제6항). 부모와 미성년 자녀의 혈족관계는 변동 없으며, 미성년 자녀에 대한 혼인 동의권, 부양의무, 상속권 등도 존속합니다.

한편, 이혼 시 자녀의 친권자 및 양육자를 정했더라도 이는 비송사건으로 그 심판에는 기판력이 없어 상황에 따라 변경할 수 있습니다. 즉 사정변경이 있거나 자녀의 복리를 위해 필요한 경우에는 친권자 및 양육자 변경을 청구할 수 있습니다.

이밖에 반드시 부모를 자녀의 양육자로 지정해야 하는 것은 아니며, 부모 아닌 제3자(예를 들어 사회복지시설)를 지정할 수도 있습니다. 또한 유책배우자라 할지라도 양육권자가 되는 데 아무런 문제없습니다.

양육비

　부모는 자녀를 공동으로 양육할 책임이 있고, 양육에 드는 비용도 원칙적으로 부모가 공동으로 부담하여야 합니다. 부모가 자녀와 동거하는 경우 자녀에게 의식주를 제공하고 자녀의 학비, 병원비, 용돈 등을 부담함으로써 양육비를 이행합니다. 그러나 이혼하거나 별거를 원인으로 부모 중 어느 한쪽만이 자녀를 양육하게 된 경우에는 양육하는 사람이 상대방에게 현재와 장래의 양육비 중 적정 금액의 분담을 청구할 수 있습니다. 다만 혼인관계가 유지되는 부부가 별거를 이유로 자녀의 양육에 관한 처분을 구하는 것은 자녀의 양육에 관한 처분에는 해당하지 않고, 부부의 동거·부양·협조 또는 생활비용의 부담에 관한 사건에 해당합니다.

[과거양육비]

　부모의 자녀양육의무는 특별한 사정이 없는 한 자녀의 출생과 동시에 발생하는 것이므로, 과거의 양육비에 대하여도 상대방이 분담함이 상당하다고 인정되는 경우에는 그 비용의 상환을 청구할 수 있습니다. 다만 한쪽의 양육자가 양육비를 청구하기 이전의 과거의 양육비 모두를 상대방에게 부담시키게 되면 상대방은 예상하지 못하였던 양육비를 일시에 부담하게 되어 지나치고 가혹하며 신의성실의 원칙이나 형평의 원칙에 어긋날 수도 있으므로, 이와 같은 경우에는 반드시 이행청구 이후의 양육비와 동일한 기준에서 정할 필요는 없고, 부모 중 한쪽이 자녀를 양육하게 된 경위와 그에 소요된 비용의 액수, 그 상대방이 부양의무를 인식한 것인지 여부와 그 시기, 그것이 양육에 소요된 통상의 생활비인지 아니면 이례적이고 불가피하게 소요된 다액의 특별한 비용(치료비 등)인지 여부와 당사자들의 재산 상황이나 경제적 능력과 부담의 형평성 등 여러 사정을 고려하여 과거양육비 중 적질하다고 인정되는 분담의 범위를 정할 수 있습니다(92스21).

또한 미성년의 자녀를 양육한 자가 공동 양육의무자인 다른 쪽 상대방에 대하여 과거 양육비의 지급을 구하는 권리는 당초에는 기본적으로 친족관계를 바탕으로 하여 인정되는 하나의 추상적인 법적 지위이었던 것이 당사자의 협의 또는 당해 양육비의 내용 등을 재량적·형성적으로 정하는 가정법원의 심판에 의하여 구체적인 청구권으로 전환됨으로써 비로소 보다 뚜렷하게 독립한 재산적 권리로서의 성질을 가지게 되는 것으로서, 당사자의 협의 또는 가정법원의 심판에 의하여 구체적인 지급청구권으로 성립하기 전에는 과거 양육비에 관한 권리는 양육자가 그 권리를 행사할 수 있는 재산권에 해당한다고 할 수 없어, 그 상태에서는 소멸시효가 진행할 여지가 없다고 봅니다(2008스67).

[장래 양육비]

장래 양육비는 특별한 사정이 없으면 매월 또는 매년 일정액을 일정한 일자에 정기적으로 지급하도록 합니다. 다만 양육자가 양육비 지급과 관련된 분쟁을 피하고자 일시금 지급을 청구할 수도 있습니다. 양육비의 지급만료일은 따로 정할 수 있으며, 정함이 없는 때에는 자녀가 성년이 되는 때가 양육의 종료일로 보고 있습니다. 즉 일반적으로 양육비를 부담해야 하는 기간은 자녀가 성년(만 19세)이 되기 전까지이며, 구체적인 양육비는 부모의 재산상황이나 그 밖의 사정을 고려해서 정합니다.

일반적으로 양육비에는 미성년 자녀의 의식주에 소요되는 비용과 생활비, 교육비 등이 포함됩니다. 부모의 미성년 자녀에 대한 부양의무는 피부양자의 생활을 자신의 생활과 같은 수준으로 보장하는 것이므로, 부모의 소득, 재산, 경제적 사정, 구체적 교육비, 치료비 등 여러 사정을 고려하여 미성년 자녀의 1인당 일정한 금액을 기준으로 결정합니다.

2021년 양육비 산정기준표

부모합산소득 자녀 만 나이	0~199만 원 평균양육비(원) 양육비 구간	200~299만 원 평균양육비(원) 양육비 구간	300~399만 원 평균양육비(원) 양육비 구간	400~499만 원 평균양육비(원) 양육비 구간	500~599만 원 평균양육비(원) 양육비 구간	600~699만 원 평균양육비(원) 양육비 구간	700~799만 원 평균양육비(원) 양육비 구간	800~899만 원 평균양육비(원) 양육비 구간	900~999만 원 평균양육비(원) 양육비 구간	1,000~1,199만 원 평균양육비(원) 양육비 구간	1,200만 원 이상 평균양육비(원) 양육비 구간
0~2세	621,000 264,000~686,000	752,000 687,000~848,000	945,000 849,000~1,021,000	1,098,000 1,022,000~1,171,000	1,245,000 1,172,000~1,323,000	1,401,000 1,324,000~1,491,000	1,582,000 1,492,000~1,655,900	1,789,000 1,686,000~1,893,000	1,997,000 1,894,000~2,046,000	2,095,000 2,047,000~2,151,000	2,207,000 2,152,000 이상
3~5세	631,000 268,000~695,000	759,000 696,000~854,000	949,000 855,000~1,031,000	1,113,000 1,032,000~1,188,000	1,266,000 1,190,000~1,344,000	1,422,000 1,345,000~1,510,000	1,598,000 1,511,000~1,702,000	1,807,000 1,703,000~1,912,000	2,017,000 1,913,000~2,066,000	2,116,000 2,067,000~2,180,000	2,245,000 2,181,000 이상
6~8세	648,000 272,000~707,000	767,000 708,000~863,000	959,000 864,000~1,049,000	1,140,000 1,050,000~1,216,000	1,292,000 1,217,000~1,385,000	1,479,000 1,386,000~1,546,000	1,614,000 1,547,000~1,732,000	1,850,000 1,733,000~1,957,000	2,065,000 1,958,000~2,101,000	2,137,000 2,102,000~2,224,000	2,312,000 2,225,000 이상
9~11세	667,000 281,000~724,000	782,000 725,000~885,000	988,000 886,000~1,075,000	1,163,000 1,076,000~1,240,000	1,318,000 1,241,000~1,406,000	1,494,000 1,407,000~1,562,000	1,630,000 1,563,000~1,758,000	1,887,000 1,759,000~2,012,000	2,137,000 2,013,000~2,158,000	2,180,000 2,159,000~2,292,000	2,405,000 2,293,000 이상
12~14세	679,000 295,000~734,000	790,000 735,000~894,000	998,000 895,000~1,139,000	1,280,000 1,140,000~1,351,000	1,423,000 1,352,000~1,510,000	1,598,000 1,511,000~1,654,000	1,711,000 1,655,000~1,847,000	1,984,000 1,848,000~2,071,000	2,159,000 2,072,000~2,191,000	2,223,000 2,192,000~2,349,000	2,476,000 2,350,000 이상
15~18세	703,000 319,000~830,000	957,000 831,000~1,092,000	1,227,000 1,093,000~1,314,000	1,402,000 1,315,000~1,503,000	1,604,000 1,504,000~1,699,000	1,794,000 1,700,000~1,879,000	1,964,000 1,880,000~2,063,000	2,163,000 2,064,000~2,204,000	2,246,000 2,205,000~2,393,000	2,540,000 2,394,000~2,711,000	2,883,000 2,712,000 이상

전국의 양육자녀 2인 가구 기준

양육비 산정은 자녀에게 이혼 전과 동일한 수준의 양육환경을 유지하여 주는 것이 바람직하며, 부모는 현재 소득이 없더라도 최소한의 책임을 분담하는 것이 기본원칙입니다.

양육비 산정기준표의 표준양육비는 양육자녀가 2인인 4인 가구 기준 자녀 1인당 평균양육비이며, 부모합산소득은 세전소득으로 근로소득, 사업소득, 부동산 임대소득, 이자수입, 정부보조금, 연금 등을 모두 합한 순수입의 총액입니다. 표준양육비에 아래 가산, 감산 요소

등을 고려하여 양육비 총액을 확정할 수 있습니다.

1. 부모의 재산상황(가산 또는 감산)
2. 자녀의 거주지역(도시 지역은 가산, 농어촌 지역 등은 감산)
3. 자녀 수(자녀가 1인인 경우 가산, 3인 이상인 경우 감산)
4. 고액의 치료비
5. 고액의 교육비(부모가 합의하였거나 사건본인의 복리를 위하여 합리적으로 필요한 범위)
6. 비양육자의 개인회생(회생절차 진행 중 감산, 종료 후 가산 고려)

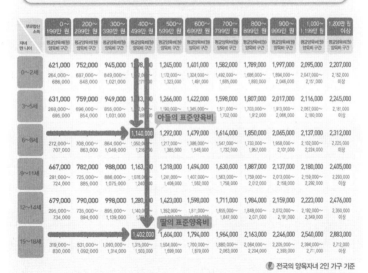

예를 들어, 가족 구성원이 양육자, 비양육자, 만 15세인 딸 1인, 만 8세인 아들 1인인 4인 가구이고, 부모의 월 평균 세전 소득이 양육자 180만 원, 비양육자 270만 원, 합산소득 450만 원이라면, 다음과 같은 방식으로 표준양육비를 정할 수 있습니다.

1) 표준양육비 결정

가. 딸의 표준양육비 : 1,402,000원 (자녀 나이 15~18세 및 부모합산소득 400만 원~499만 원의 교차구간)

나. 아들의 표준양육비 : 1,140,000원 (자녀 나이 6~8세 및 부모합산소득 400만 원~499만 원의 교차구간)

다. 딸, 아들의 표준양육비 합계 : 2,542,000원(= 1,402,000원 + 1,140,000원)

2) 양육비 총액 확정

가산, 감산 요소가 있다면 결정된 표준양육비에 이를 고려하여 양육비 총액 확정 ⇒ 가산, 감산 요소가 없다면 2,542,000원

3) 양육비 분담비율 결정

비양육자의 양육비 분담비율 : 60%(= 270만 원 / (180만 원 + 270만 원))

4) 비양육자가 지급할 양육비 산정

양육비 총액 × 비양육자의 양육비 분담비율의 방식으로 산정

- 비양육자가 지급할 양육비 : 1,525,200원(= 2,542,000원 × 60%)

다만 양육비산정기준표는 부부가 양육비에 관한 협의를 하거나 법원이 양육비 액수를 판단하는 경우 적용할 수 있는 하나의 기준 내지 참고자료이며, 반드시 지켜야 할 법적 구속력이 있지는 않습니다. 따라서 양육비를 정함에 있어 부부의 의사가 양육비 산정기준에 우선할 수 있습니다. 부부는 양육비 산정기준에 의해 산출되는 금액 이상이나 그 이하의 금액으로 합의할 수 있고, 장래 양육비를 지급하는 대신 양육자에게 상당한 재산을 분할할 수도 있으며 분할조건으로 대신 비양육자의 양육비를 면제하는 것도 가능합니다.

양육비 합의나 양육비 지정 당시보다 물가가 상승한 경우, 양육자의 경제력이 악화된 경우, 자녀가 상급학교에 진학한 경우, 자녀의 사정상 특별한 교육이 필요한 경우, 치료비가 있는 경우에는 재차 양육비 증액을 청구할 수 있습니다. 반대로 양육비 부담자(비양육자)가 실직하거나 개인회생, 파산하는 등 경제사정이 매우 악화된 경우에는 양육비 감액을 청구할 수 있습니다.

다만 양육비의 감액은 일반적으로 자녀의 복리를 위하여 필요한 조치라고 보기 어려워서, 양육비 감액이 자녀에게 미치는 영향을 우선적으로 고려하되 종전 양육비가 정해진 경위와 액수, 줄어드는 양육비 액수, 기존에 결정된 양육비 부담 외에 혼인관계 해소에 수반하여 정해진 위자료, 재산분할 등 재산상 합의의 유무와 내용, 그러한 재산상 합의와 양육비 부담과의 관계, 쌍방 재산상태가 변경된 경우 변경이 당사자의 책임으로 돌릴 사정이 있는지 유무, 자녀의 수, 연령 및 교육 정도, 부모의 직업, 건강, 소득, 자금 능력, 신분관계의 변동, 물가의 동향 등 여러 사정을 종합적으로 참작하여 양육비 감액이 불가피하고 그러한 조치가 궁극적으로 자녀의 복리에 필요한 것인지에 따라 판단하고 있습니다(2018스566). 따라서 실무상 양육비 감액은 쉽게 받아들여지진 않습니다.

[양육비 이행 강제 방법]

양육비 채권이 이행확보가 되지 않는다면, 다양한 방법으로 양육비의 이행을 촉구할 수 있습니다.

① 일반적인 강제집행

양육비 지급을 명하는 심판과 양육비부담조서는 집행권원입니다. 따라서 비양육자의 재산에 대하여 민사집행법상의 강제집행을 할 수 있습니다.

② 양육비 직접지급명령

양육비를 정기금으로 지급하도록 정하였는데, 양육비 채무자(비양육자)가 정당한 사유 없이 2회 이상 양육비를 지급하지 아니한 경우에는, 양육자의 신청에 따라 양육비 채무자에 대하여 정기적 급여채무를 부담하는 소득세원천징수의무자(직장)에게 비양육자의 급여에서 정기적으로 양육비를 공제해서 양육자에게 직접 지급하도록 명할 수 있습니다.

③ 담보제공명령, 일시금 지급명령

법원은 비양육자가 정당한 사유 없이 양육비 지급의무를 이행하지 아니한 때에도 비양육자에게 상당한 담보의 제공을 명할 수 있습니다. 담보제공명령에서 담보제공을 명한 기간 이내에 담보를 제공하지 아니하는 때에는 비양육자에게 양육비의 전부 또는 일부를 일시금으로 지급하도록 할 수 있습니다.

④ 이행명령

정당한 이유 없이 양육비 지급이 이행되지 아니하는 경우, 법원은 당사자의 신청에 따라 양육비 의무이행상황을 조사하여 비양육자에게 그 의무를 이행할 것을 명령하고, 이를 위반한 경우에는 과태료를 부과할 수 있습니다. 또한, 30일 범위에서 의무를 이행할 때까지 비양육자에 대한 감치를 명할 수 있습니다.

면접교섭

부모와 자녀와의 접촉권은 사람의 기본 섭리입니다. 이것을 제한하거나 박탈한다면 자녀의 정서에 가혹한 영향을 미칠 수 있습니다. 따라서 미성년 자녀의 건전한 성장과 발달을 위하여 부모와 자녀의 면접교섭권을 인정하고 있습니다. 즉 자녀를 직접 양육하지 아니하는 부모의 한쪽과 자녀는 상호 면접교섭을 할 수 있는 권리를 가집니다.

면접교섭권은 협의이혼, 재판상 이혼, 혼인의 무효 및 취소, 인지로 인해 친권자가 되는 경우, 사실혼의 종료·해소에도 모두 적용됩니다. 또한, 혼인관계가 파탄되어 별거하는 부부에게도 면접교섭의 필요성이 있다면 이를 인정할 수 있습니다.

한편 자녀를 직접 양육하지 아니하는 부모 일방의 직계존속도(예컨대, 할아버지·할머니) 부모 일방이 사망하였거나 질병, 외국거주,

그 밖에 불가피한 사정으로 자를 면접교섭할 수 없는 경우 가정법원에 자와의 면접교섭을 청구할 수 있습니다. 이런 경우 가정법원은 자녀의 의사, 면접교섭을 청구한 사람과 자녀와의 관계, 청구의 동기, 그 밖의 사정을 참작하여 결정합니다.

면접교섭권은 절대적 권리이며, 일신전속권이어서 양도할 수 없고, 이를 포기할 수도 없습니다. 따라서 미리 면접교섭을 금지·배제하는 합의는 민법 제103조의 선량한 풍속 기타 사회질서를 위반한 것으로 효력이 없습니다. 다만 가정법원은 심판에 의하여 면접교섭을 제한·배제·변경할 수 있습니다. 그러나 이런 경우에는 부모의 권리인 면접교섭권이 특별한 사정으로 제한·배제되는 것일 뿐, 자녀의 부모를 면접교섭할 권리는 성질상 제한·배제할 수 없습니다.

면접교섭권의 구체적인 행사방법과 범위·내용은 부모의 협의로 정하고(자녀와의 면접교섭의 횟수, 일시, 장소 등에 관하여는 자녀의 교육이나 생활에 방해가 되지 않는 범위에서 당사자의 협의로 미리 정하는 것이 좋습니다), 협의가 불가능한 경우에는 가정법원이 당사자의 청구 또는 직권으로 정합니다.

면접교섭의 구체적인 내용은 법률에 규정이 없습니다. 따라서 부모와 자녀는 다양한 방식으로 소통할 수 있습니다. 통상 대면접촉이 원칙적인 방법이지만 전화, 문자, SNS, 편지, 이메일, 선물 교환 등도 면접교섭의 방법으로 활용할 수 있습니다. 구체적인 사안에 따라 적절한 면접교섭의 방법을 정해야 하며, 그 기준은 무엇보다 자녀의 복리와 행복입니다.

실무상 대면접촉은 1달에 2회가 가장 많으며, 첫째, 셋째 토요일 00:00부터 00:00까지 등으로 정하고 있으며, 둘째, 넷째 토요일 00:00부터 다음날 00:00까지 1박 2일로 정하기도 합니다. 부부간 소통이 어렵다면, 설연휴, 추석연휴, 여름방학, 겨울방학에 여러 날 한꺼번에 보는 방법을 정하기도 합니다.

면접 장소를 특별히 정하지는 않지만 자녀가 어리거나 장소에 다툼이 있다면 따로 지정하기도 합니다. 따라서 무엇보다 양육자와 비양육자가 서로 원활히 면접교섭이 이행되도록 노력해야 하며, 다툼이나 새로운 갈등이 야기된다면 처음부터 명확한 방법으로 정하는 것이 좋습니다.

가정법원의 심판 등에 따라 면접교섭 허용의무를 이행하여야 할 자가 정당한 이유 없이 그 의무를 이행하지 아니하는 경우, 가정법원은 당사자의 신청에 의하여 의무자에게 그 의무를 이행할 것을 명령하고, 이를 위반한 경우에는 과태료를 부과할 수 있습니다. 즉 이행하지 않는 양육자에게 의무이행권고 및 과태료부과결정을 할 수 있습니다. 다만, 감치명령은 가능하지 않습니다. 양육친을 감치에 처하면 양육의 공백이 발생하여 자녀의 복리를 해치는 중대한 결과가 발생할 수 있기 때문입니다. 한편, 양육자와 상관없이 자녀가 비양육 부모를 보고 싶어 하지 않다면 이를 강제하는 방법은 없으며, 자녀를 설득하는 것이 최선입니다.

[실제 면접교섭 방법]

① 한 명의 자녀에 대한 자세한 면접교섭 방법의 경우

1. 청구인은 2024. 1. 10.부터 사건본인이 성년이 될 때까지 다음과 같이 사건본인을 면접교섭할 수 있다.

　가. 면접교섭 일정

　　1) 매월 2회, 첫째 주 및 셋째 주 토요일 12:00부터 일요일 18:00까지(숙박 포함)

　　2) 여름 및 겨울 방학기간 동안 : 청구인이 지정하는 각 7일간

　　3) 매년 추석 및 설날 중 청구인과 상대방이 협의하여 각 1박 2일

　나. 면접교섭 장소 : 청구인의 주거지 또는 청구인이 책임질 수 있는 장소

　다. 인도방법 : 청구인이 상대방의 주거지로 사건본인을 데리러

가서 상대방으로부터 사건본인을 인도받고, 면접교섭을 마친 후에는 다시 청구인이 상대방의 주거지로 사건본인을 데려다 주면서 상대방에게 사건본인을 인도하는 방법

2. 상대방은 위 각항과 같은 청구인의 면접교섭이 원만하게 실시될 수 있도록 적극 협조하여야 하며, 이를 방해하여서는 안 된다.

② 형제자매가 분리양육된 경우

1. 사건본인 A의 친권자 및 양육자로 원고를, 친권자 B의 친권자 및 양육자로 피고를 각 지정한다.

2. 원고와 피고는 아래와 같이 면접교섭을 실시하여야 한다.

　가. 원고는 매월 첫째, 셋째 주 토요일 13:00부터 그 다음날 18:00 까지 사건본인 B를 사건본인 A와 함께 면접교섭한다.

　나. 피고는 매월 둘째, 넷째 주 토요일 13:00부터 그 다음날 18:00 까지 사건본인 A를 사건본인 B와 함께 면접교섭한다.

　다. 원고와 피고는 위 면접교섭 일정 이외에도 평소 전화, 영상 통화, 문자 등을 통하여 사건본인들이 자유롭게 연락을 할 수 있도록 최대한 협조한다.

　라. 원고와 피고는 부득이한 경우에만 서로 협의하여 위 면접교섭의 일정과 방법을 변경할 수 있고, 이 경우 사건본인들의 의사와 복리를 최우선으로 고려하여야 한다.

Chapter 6

혼인을
정리하는
다른 방법

01

사실혼 부부는 사실혼해소소송으로

남녀가 사실상 부부로서 실질적으로 가정을 꾸리고 동거하고 있지만, 혼인신고를 하지 않아 법률상 혼인으로 인정받지 못하는 부부관계를 사실혼 부부라고 합니다.

사실혼이 성립하기 위해서는 ① 혼인의사의 합치, ② 객관적으로 사회관념상 부부공동생활을 인정할 만한 혼인생활의 실체가 있을 것, ③ 사회적 정당성의 요건을 갖추어야 합니다. 혼인의사는 남녀가 영속적으로 결합하여 경제적 생활공동체를 형성하고 혼인에 따른 권리·의무를 받아들이겠다는 의사이며, 혼인생활의 실체는 객관적으로 부부 사이에 사회관념상 가족질서적인 면에서 부부공동생활이라고 인정할 만한 사회적 사실이 존재함을 의미하고, 사회적 정당성은 반윤리성·반공익성이나 혼인법질서에 위반되지 않는 혼인으로, 중혼적 사실혼이나 동성혼은 인정하지 않음을 의미합니다. 위와 같은 3

가지 요건을 충족한다면, 부부는 사실혼 부부가 되며 법률혼처럼 동거·부양·협조·정조의 의무가 인정됩니다.

사실혼 부부는 법률상의 부부가 아니므로 헤어질 때 법원의 이혼확인, 이혼신고 등의 법적 절차를 밟을 필요가 없습니다. 사실혼의 종료나 해소 그 자체는 부부 일방 당사자의 자유입니다. 따라서 사실혼은 당사자 간 합의에 의해 해소할 수 있고, 일방의 통보(일방적인 파기의 의사표시)에 의해 해소할 수도 있습니다. 합의 또는 통보할 때 일정한 형식이 요구되는 것은 아니며, 구두, 전화, 서신 등 자유로운 방법이 가능합니다.

재판상 이혼사유에 준하는 사유가 있을 경우 당사자는 일방적인 의사표시나 행동으로 사실혼을 해소할 수 있고, 상대방에 대하여 아무런 책임도 지지 아니합니다.

반면 재판상 이혼사유에 준하는 사유를 저지른 유책자나 정당한 이유가 없이 사실혼을 파기한 자는 상대방에게 손해배상책임을 집니다. 예컨대 이혼사유와 같이 사실혼 배우자가 부정한 행위를 한 경우, 사실혼 배우자가 악의로 다른 일방을 유기한 경우, 사실혼 배우자 또는 그 직계존속으로부터 심히 부당한 대우를 받았다면, 당사자는 유책자인 배우자에게 사실혼을 부당하게 파기한 책임을 물어 불법행위로 인한 손해배상을 청구할 수 있습니다. 또한, 사실혼 부부관계는 제3자에 대하여도 보호되어야 하므로, 사실혼 배우자도 상대방과 제3자의 불법행위로 인하여 정신적 손해를 받았다면 이에 대한 위자료를 청구할 수 있고, 상대방과 정교한 자 등 사실혼 관계를 부당하게 파탄시킨 자에 대하여 불법행위로 인한 손해배상을 청구할 수 있습니다. 즉 사실혼이 유지되는 상황이든 사실혼이 파기된 상황이든 제3자를 상대로 상간녀소송, 상간남소송이 가능합니다. 사실혼해소에 따른 위자료는 그 손해를 안 날로부터 3년, 불법행위 시부터 10년 이내에 청구할 수 있습니다.

사실혼 부부는 일상가사에 대한 대리권이 있고, 대리권 행사를 통한 채무에 대하여 연대책임도 있습니다. 사실혼 부부도 생활공동체 재산의 청산적 의미로서 재산분할이 가능합니다. 사실혼 관계를 유지하는 동안 부부가 공동으로 재산을 형성하고, 재산의 유지·증식에 기여했다면 그 재산은 부부의 공동소유로 볼 수 있습니다. 따라서 사실혼이 어떠한 사유로 종료되었든 이와 상관없이 재산분할을 청구할 수 있습니다. 재산분할의 청구는 위자료와 달리 사실혼해소에 책임이 있는 배우자도 할 수 있으며, 사실혼 종료 시부터 2년 이내에 재산분할을 청구할 수 있습니다.

그러나 한쪽 당사자의 사망으로 사실혼이 종료되는 경우 그 상대방에게 재산분할청구권이 인정된다고 보기 어렵고, 상속도 발생하지 않습니다. 한편, 사실혼 부부 사이에 금전거래가 있었더라도 재산분할 이외에 부당이득반환청구를 병합할 수 없습니다. 금전거래는 가사소송이 아니라 민사소송이므로, 따로 민사소송을 청구해야 합니다.

한편 사실혼해소로 인한 위자료, 재산분할, 친권, 양육권, 양육비의 다툼과는 달리 사실혼 그 자체의 성립을 확인받는 사실상 혼인관계 존부확인의 소도 활용되고 있습니다. 당사간의 소송보다는 한쪽 당사자가 사망 시 유족연금을 받기 위한 수단으로 사실상 혼인관계존재확인의 소를 이용하고 있습니다. 민법과 달리 근로기준법, 공무원연금법, 군인연금법, 사립학교교직원연금법, 산업재해보상보험법, 국가유공자법 등에는 사실혼 배우자를 법률상 배우자와 동등하게 바라보고, 각종 연금의 수령자에 사실혼 배우자를 포함시키고 있습니다. 사실혼 배우자는 일방 배우자의 사망으로 인한 각종 연금이나 보험금을 수령할 권리를 갖고 있으며, 이를 위해 배우자 사망 시 2년 이내 검사를 상대로 사실혼관계존부확인을 청구하고, 사실혼을 인정받아 연금이나 보험금을 수령할 수 있습니다.

02

사기결혼은 혼인취소소송으로

부부 사이에 혼인신고가 되어 있으나 혼인의 성립과정에 일정한 위법이 있어서 그 혼인의 효력을 장래에 향하여 소멸시키는 것을 혼인취소라고 합니다.

혼인취소사유로는 ① 혼인적령기에 달하지 않은 혼인(민법 제816조 제1호, 제807조, 즉 만 18세 미만인 사람의 혼인), ② 부모 등의 동의를 얻지 않은 혼인(민법 제816조 제1호, 제807조, 만 18세에 달한 미성년자는 혼인할 수 있으나, 만 19세에 이르기 전까지는 부모의 동의를 받아야 한다), ③ 근친혼규정에 위반한 혼인(민법 제816조 제1호, 제809조 제2항, 제3항, 6촌 이내의 혈족(혈족이란, 자기의 직계존속과 직계비속 즉 직계혈족과, 자기의 형제자매와 형제자매의 직계비속, 직계존속의 형제자매 및 그 형제자매의 직계비속 즉 방계혈족을 포함한 범위)의 배우자, 배우자의 6촌 이내의 혈족, 배우자의 4촌 이내의 혈족의 배우자인 인척(인척이란, 자기의 혈족의 배우자, 배우자의 혈족, 배우자의 혈족의 배우자)이거나 이러한 인척이었던 자 사이의 혼인 및 6촌 이내의 양부모계의 혈족이었던 자와 4촌 이내의 양부모계의 인척이었던 자 사이의 혼인은 취소 가능), ④ 중혼금지규정을 위반한 혼인(민법 제816조 제1호, 제810조), ⑤ 혼인 당시 당사자 일방에 부부생활을 계속할 수 없는 악질 기타 중대사유가 있음을 알지 못한 때(민법 제816조 제2호), ⑥ 사기 또는 강박으로 인하여 혼인의 의사표시를 한 때(민법 제816조 제3호)가 있습니다. 이 중 실무에서 문제 되는 것은 ⑤ 악질 기타 중대한 사유가 있는 혼인이나 ⑥ 사기 결혼의 경우입니다.

혼인할 당시 부부생활을 계속할 수 없을 정도로 중대한 사유가 있었다면, 혼인을 취소할 수 있습니다. 악질은 부부생활을 계속할 수 없는 중대한 사유의 예시이며, 통상 중증의 정신병, 성생활의 곤란함을 전제로 에이즈 등의 병이 이에 해당할 수 있습니다.

다만 법원은 혼인은 남녀가 일생의 공동생활을 목적으로 하여 도덕 및 풍속상 정당시되는 결합을 이루는 법률상, 사회생활상 중요한 의미를 가지는 신분상의 계약으로서 본질은 양성 간의 애정과 신뢰에 바탕을 둔 인격적 결합에 있다고 할 것이고, 특별한 사정이 없는 한 '임신 가능 여부'는 민법 제816조 제2호의 부부생활을 계속할 수 없는 악질 기타 중대한 사유에 해당한다고 볼 수 없다고 해서, 성염색체 이상과 불임 등의 문제가 있다고 하더라도 이를 '부부생활을 계속할 수 없는 악질 기타 중대한 사유'에 해당한다고 보기 어렵다고 판단하였습니다(2014므4734).

즉 법원은 혼인취소가 가능한 '부부생활을 계속할 수 없는 중대한 사유'는 엄격히 제한하여 해석함으로써 그 인정에 신중을 기하여야 한다는 입장이며, 극히 심각한 질병이 아니라면 통상 질병으로 인한 혼인취소는 인정되기 어려운 측면이 있습니다.

한편 사기 또는 강박으로 인하여 혼인한 경우에도 혼인취소가 가능합니다. 사기란 혼인할 목적으로 혼인 당사자의 한쪽 또는 양쪽에게 허위의 사실을 고지하여 이들을 착오에 빠뜨려서 혼인의사를 결정하도록 하는 것을 말합니다. 혼인의 당사자 일방 또는 제3자가 적극적으로 허위의 사실을 고지한 경우뿐만 아니라 소극적으로 고지를 하지 아니하거나 침묵한 경우도 포함됩니다. 그러나 불고지 또는 침묵의 경우 단순히 침묵하는 행동을 곧바로 사기로 인정하진 않고, 법령, 계약, 관습 또는 조리상 사전에 이러한 사정을 고지할 의무가 인정되어야 위법한 기망행위로 판단하고 있습니다(2015므654).

사기로 인하여 혼인을 취소하기 위해서는 사기로 인한 착오가 일반적으로 사회생활관계에 비추어 볼 때 혼인생활에 미치는 영향이 크고, 당사자가 그러한 사실을 알았더라면 혼인하지 않았을 정도에 이르러야 합니다. 따라서 출산 여부(자녀가 있는지 여부), 동거 경력, 혼인 경력, 범죄경력 등에 대한 불고지, 임신 중인 태아에 대한 착오, 학력, 직업, 집안 내력, 경제력 등에 대한 거짓말 등이 실무적으로 문제되는 사례입니다. 다만 위와 같은 상황에서도 일률적으로 혼인취소를 정하진 않고, 구체적인 사정을 종합해서 판단하고 있습니다.

혼인취소 사유가 있더라도 혼인이 취소되기 전까지는 유효한 혼인이며, 법원의 판결로 취소될 때만 비로소 혼인의 효력이 소멸하지만 그렇다고 소급하진 않습니다. 따라서 혼인 중에 출생한 자녀는 취소 이후에도 여전히 혼인 중의 자녀라고 볼 수 있습니다. 따라서 혼인취소의 경우에도 친권자, 양육권자, 양육비, 면접교섭권에 대해서 합의하거나 주장하여야 하며, 가정법원은 직권으로 또는 당사자의 청구에 따라 자녀의 의사, 연령과 부모의 재산상황, 그 밖의 사정을 참작하여 양육과 관련된 사항(즉, 친권자, 양육권자, 양육비, 면접교섭권의 행사 여부 및 그 방법)을 결정합니다. 또한 혼인취소소송에서는 이혼소송과 마찬가지로 위자료나 재산분할도 병합하여 처리하는 것이 실무입니다.

한편 부부는 혼인취소 사유가 있음에도 협의이혼이나 재판상 이혼을 통해 부부관계를 해소할 수 있습니다. 따라서 혼인취소사유가 명백하지 않다면, 통상 이혼을 통해 혼인관계를 종료하는 경우가 많습니다.

혼인취소소송은 매우 단기간의 제척기간 제한이 있습니다. 부부생활을 계속할 수 없는 악질 기타 중대한 사유가 있는 경우에는 상대방이 그 사유 있음을 안 날로부터 6개월이 경과한 때, 사기나 강박으로 인한 혼인은 사기를 안 날 또는 강박을 면한 날로부터 3월이 경과한 때에는 혼인의 취소를 못 합니다. 따라서 혼인취소를 생각하고 있다면, 악질 기타 중대한 사유의 경우 6개월, 사기결혼의 경우 3개월의 청구기간을 지켜야 할 것입니다.

Chapter 7

상간자소송

01

상간녀 / 상간남소송의
성립 및 산정기준

부부는 동거하며 서로 부양하고 협조할 의무를 집니다(민법 제826조). 부부는 정신적·육체적·경제적으로 결합된 공동체로서 서로 협조하고 보호하여 부부공동생활로서의 혼인이 유지되도록 상호 간에 포괄적으로 협력할 의무를 부담하고 그에 관한 권리를 가집니다. 이러한 동거의무 내지 부부공동생활 유지의무의 내용으로서 부부는 부정행위를 하지 아니하여야 하는 성적 성실의무를 부담합니다.

한편, 부정행위라 함은 간통을 포함하여보다 넓은 개념으로서 성관계까지는 이르지 아니하나 부부의 정조의무에 충실하지 않는 일체의 행위를 의미합니다.

따라서 부부의 일방이 부정행위를 한 경우에 부부의 일방은 그로 인하여 배우자가 입은 정신적 고통에 대하여 불법행위에 의한 손해배상의무를 지게 됩니다.

한편 제3자도 타인의 부부공동생활에 개입하여 그 부부공동생활의 파탄을 초래하는 등 그 혼인의 본질에 해당하는 부부공동생활을 방해하여서는 안 됩니다. 제3자가 부부의 일방과 부정행위를 함으로써 혼인의 본질에 해당하는 부부공동생활을 침해하거나 그 유지를 방해하고 그에 대한 배우자로서의 권리를 침해하여 배우자에게 정신적 고통을 가하는 행위는 불법행위를 구성하며 배우자에게 정신적 손해를 배상해 주어야 합니다(2013므2441).

부정행위는 ① 배우자의 외도 증거, ② 상간녀 / 상간남이 배우자가 기혼자라는 사실을 알고 있었다는 증거를 통해 입증합니다. 부정행위의 증거는 직간접적 모든 증거를 포함하며, 최대한 많은 증거를 확보하는 것이 좋습니다. 카카오톡, 문자, 메일, 사진, 동영상, CCTV, 블랙박스, 통화녹음, 대화녹음, 편지, 출입국기록, 여행기록, 카드결제내역, 모텔 출입기록, 계좌송금내역, 진술서, 자백 등 다양한 증거로 부정행위를 입증할 수 있습니다. 부정행위에 대한 직접적인 입증자료로 예컨대 성관계 동영상, 애정표현 카카오톡 메시지로 부정행위를 쉽게 증명하는 사건도 있지만, 간접적인 증거로 부정행위를 증명하는 사건도 존재합니다. 따라서 최대한 증거를 확보하는 것이 무엇보다 중요합니다.

다만, 부부가 아직 이혼하지 않았음에도 실질적으로 부부공동생활
이 파탄되어 회복할 수 없을 정도의 상태에 이른 경우, 부부의 일방과
성적인 행위를 한 제3자에게는 부정행위가 성립하지 않습니다.

따라서 비록 부부가 아직 이혼하지 아니하였지만 실질적으로 부부
공동생활이 파탄되어 회복할 수 없을 정도의 상태에 이르렀다면, 제
3자가 부부의 일방과 성적인 행위를 하더라도 이를 두고 부부공동생
활을 침해하거나 유지를 방해하는 행위라고 할 수 없고 또한 그로 인
하여 배우자의 부부공동생활에 관한 권리가 침해되는 손해가 생긴다
고 할 수도 없으므로 불법행위가 성립할 수 없는 것입니다.

혼인파탄으로 인한 부정행위 불성립은 재판상 이혼청구가 계속 중
에 있다거나 재판상 이혼이 청구되지 않은 상태라고 하여 달라지는
것은 아닙니다. 즉 이혼청구가 되지 않은 상태라도 혼인파탄의 경우
부정행위가 성립하지 않습니다.

한편 제3자가 배우자의 기혼여부를 알지 못하였고, 알지 못한 상황
에 고의나 과실이 없다면, 제3자에게 부정행위가 성립하지 않습니다.
남녀가 교제함에 있어 혼인관계증명서를 확인하는 경우는 흔치 않으
므로, 배우자가 결혼 여부를 속였다면 오히려 제3자는 성적자기결정
권을 침해당한 피해자라 할 수 있으므로, 부정행위가 성립할 여지가

없습니다.

상간녀 / 상간남소송은 부정행위로 인한 정신적 피해에 대한 위자료소송으로 불법행위 손해배상채권의 소멸시효를 적용받습니다. 따라서 피해자는 부정행위 사실을 안날로부터 3년, 부정행위가 있은 날로부터 10년 이내에 소송을 할 수 있으며, 청구기간이 지났다면 소멸시효로 인하여 상간녀소송을 청구할 수 없습니다.

상간녀 / 상간남소송은 원·피고 다툼의 정도에 따라 소송 기간이 달라집니다. 만약 원·피고가 치열하게 다툰다면 1~2년 소요되는 경우도 있습니다. 다만 통상적으론 5~10개월 사이에 종결됩니다.

손해배상책임의 범위를 산정하는 데 있어서는, 부정행위의 내용과 경위, 부정행위의 정도 및 기간, 결혼기간 및 가족관계, 부정행위가 원고의 부부공동생활에 미친 영향, 부정행위가 드러나게 된 경위 및 그 이후의 정황 등을 종합적으로 고려하여 결정하고 있습니다.

성적자기결정권침해
(유부남사기 / 유부녀사기)

　성적자기결정권은 스스로 선택한 인생관 등을 기초로 각자가 독자적으로 성적 가치관을 확립하고, 이에 따라 자기 스스로 내린 결정에 따라 자기 책임하에 상대방을 선택하고 성관계를 가질 권리를 의미합니다.

　상대방이 혼전 성관계를 요구하거나 결혼을 약속하면서 성행위를 요구한다고 하더라도 혼전 성관계를 가질 것인지 아닌지는 스스로 판단하고 그에 따르는 책임도 스스로 지는 것이 원칙이므로, 단순히 성관계를 맺었다거나 그로 인해 임신이 되었다는 사실만으로는 이를 상대방의 불법행위에 기한 것이라고 할 수 없습니다.

　그러나 상대방이 이미 누군가와 결혼을 한 사람인지 여부는 성관계를 맺을 상대방을 선택함에 있어 매우 중요한 판단요소입니다. 만일 일방이 그러한 사항에 관하여 허위사실에 대한 적극적 고지 혹은 소극적 언동을 통해 상대방으로 하여금 착오에 빠지도록 하여 상대방으로 하여금 성관계에 나아가도록 한 경우에는 도덕적 비난에 그치거나 법적으로 용인되는 정도를 넘어 상대방의 성적자기결정권을 부당하게 침해하는 불법행위에 해당합니다.

만약 가해자가 법률상 혼인을 한 배우자가 있는 사람임에도 미혼 여성 또는 남성에게 혼인사실을 숨긴 채 접근하여 교제를 시작하고, 피해자는 가해자의 혼인사실에 관하여 착오에 빠진 상태에서 피고와 성관계까지 갖게 되었다면, 이는 피해자의 성적 자기결정에 관한 자유로운 의사결정을 방해하여 성적자기결정권을 침해한 것으로서 불법행위이며, 가해자는 피해자가 입은 정신적 고통에 대하여 위자료를 지급하여야 합니다. 이를 성적자기결정권침해에 의한 위자료라고 합니다.

즉 혼인사실을 속이고 상대방과 성관계를 하였다면, 이는 성적자기결정권을 침해하는 것으로, 피해자는 가해자인 기혼자를 상대로 성적자기결정권침해소송이 가능한 것입니다.

민법
[시행 2022. 12. 13.] [법률 제19069호, 2022. 12. 13., 일부개정]

제3장 혼인

제1절 약혼

제800조(약혼의 자유) 성년에 달한 자는 자유로 약혼할 수 있다.

제801조(약혼연령) 18세가 된 사람은 부모나 미성년후견인의 동의를 받아 약혼할 수 있다. 이 경우 제808조를 준용한다.

[전문개정 2011. 3. 7.]

제802조(성년후견과 약혼) 피성년후견인은 부모나 성년후견인의 동의를 받아 약혼할 수 있다. 이 경우 제808조를 준용한다.

[전문개정 2011. 3. 7.]

제803조(약혼의 강제이행금지) 약혼은 강제이행을 청구하지 못한다.

제804조(약혼해제의 사유) 당사자 한쪽에 다음 각 호의 어느 하나에 해당하는 사유가 있는 경우에는 상대방은 약혼을 해제할 수 있다.

1. 약혼 후 자격정지 이상의 형을 선고받은 경우
2. 약혼 후 성년후견개시나 한정후견개시의 심판을 받은 경우
3. 성병, 불치의 정신병, 그 밖의 불치의 병질(病疾)이 있는 경우
4. 약혼 후 다른 사람과 약혼이나 혼인을 한 경우

5. 약혼 후 다른 사람과 간음(姦淫)한 경우

6. 약혼 후 1년 이상 생사(生死)가 불명한 경우

7. 정당한 이유 없이 혼인을 거절하거나 그 시기를 늦추는 경우

8. 그 밖에 중대한 사유가 있는 경우

[전문개정 2011. 3. 7.]

제805조(약혼해제의 방법) 약혼의 해제는 상대방에 대한 의사표시로 한다. 그러나 상대방에 대하여 의사표시를 할 수 없는 때에는 그 해제의 원인있음을 안 때에 해제된 것으로 본다.

제806조(약혼해제와 손해배상청구권) ① 약혼을 해제한 때에는 당사자 일방은 과실있는 상대방에 대하여 이로 인한 손해의 배상을 청구할 수 있다.

② 전항의 경우에는 재산상 손해외에 정신상 고통에 대하여도 손해배상의 책임이 있다.

③ 정신상 고통에 대한 배상청구권은 양도 또는 승계하지 못한다. 그러나 당사자간에 이미 그 배상에 관한 계약이 성립되거나 소를 제기한 후에는 그러하지 아니하다.

제2절 혼인의 성립

제807조(혼인적령) 만 18세가 된 사람은 혼인할 수 있다.

[전문개정 2007. 12. 21.]

제808조(동의가 필요한 혼인) ① 미성년자가 혼인을 하는 경우에는

부모의 동의를 받아야 하며, 부모 중 한쪽이 동의권을 행사할 수 없을 때에는 다른 한쪽의 동의를 받아야 하고, 부모가 모두 동의권을 행사할 수 없을 때에는 미성년후견인의 동의를 받아야 한다. ② 피성년후견인은 부모나 성년후견인의 동의를 받아 혼인할 수 있다.

[전문개정 2011. 3. 7.]

제809조(근친혼 등의 금지) ① 8촌 이내의 혈족(친양자의 입양 전의 혈족을 포함한다) 사이에서는 혼인하지 못한다.

② 6촌 이내의 혈족의 배우자, 배우자의 6촌 이내의 혈족, 배우자의 4촌 이내의 혈족의 배우자인 인척이거나 이러한 인척이었던 자 사이에서는 혼인하지 못한다.

③ 6촌 이내의 양부모계(養父母系)의 혈족이었던 자와 4촌 이내의 양부모계의 인척이었던 자 사이에서는 혼인하지 못한다.

[전문개정 2005. 3. 31.]

제810조(중혼의 금지) 배우자 있는 자는 다시 혼인하지 못한다.

제811조 삭제 〈2005. 3. 31.〉

제812조(혼인의 성립) ① 혼인은 「가족관계의 등록 등에 관한 법률」에 정한 바에 의하여 신고함으로써 그 효력이 생긴다. 〈개정 2007. 5. 17.〉

② 전항의 신고는 당사자 쌍방과 성년자인 증인 2인의 연서한 서면으로 하여야 한다.

제813조(혼인신고의 심사) 혼인의 신고는 그 혼인이 제807조 내지 제810조 및 제812조 제2항의 규정 기타 법령에 위반함이 없는 때에는 이를 수리하여야 한다. 〈개정 2005. 3. 31.〉

제814조(외국에서의 혼인신고) ① 외국에 있는 본국민사이의 혼인은 그 외국에 주재하는 대사, 공사 또는 영사에게 신고할 수 있다. ② 제1항의 신고를 수리한 대사, 공사 또는 영사는 지체없이 그 신고서류를 본국의 재외국민 가족관계등록사무소에 송부하여야 한다. 〈개정 2005. 3. 31., 2007. 5. 17., 2015. 2. 3.〉

제3절 혼인의 무효와 취소

제815조(혼인의 무효) 혼인은 다음 각 호의 어느 하나의 경우에는 무효로 한다. 〈개정 2005. 3. 31.〉

1. 당사자간에 혼인의 합의가 없는 때

2. 혼인이 제809조 제1항의 규정을 위반한 때

3. 당사자간에 직계인척관계(直系姻戚關係)가 있거나 있었던 때

4. 당사자간에 양부모계의 직계혈족관계가 있었던 때

[헌법불합치, 2018헌바115, 2022.10.27, 민법(2005. 3. 31. 법률 제7427호로 개정된 것) 제815조 제2호는 헌법에 합치되지 아니한다. 위 법률조항은 2024. 12. 31.을 시한으로 개정될 때까지 계속 적용된다.]

제816조(혼인취소의 사유) 혼인은 다음 각 호의 어느 하나의 경우

에는 법원에 그 취소를 청구할 수 있다. 〈개정 1990. 1. 13., 2005. 3. 31.〉

1. 혼인이 제807조 내지 제809조(제815조의 규정에 의하여 혼인의 무효사유에 해당하는 경우를 제외한다. 이하 제817조 및 제820조에서 같다) 또는 제810조의 규정에 위반한 때

2. 혼인당시 당사자 일방에 부부생활을 계속할 수 없는 악질 기타 중대사유있음을 알지 못한 때

3. 사기 또는 강박으로 인하여 혼인의 의사표시를 한 때

제817조(연령위반혼인 등의 취소청구권자) 혼인이 제807조, 제808조의 규정에 위반한 때에는 당사자 또는 그 법정대리인이 그 취소를 청구할 수 있고 제809조의 규정에 위반한 때에는 당사자, 그 직계존속 또는 4촌 이내의 방계혈족이 그 취소를 청구할 수 있다. 〈개정 2005. 3. 31.〉

제818조(중혼의 취소청구권자) 당사자 및 그 배우자, 직계혈족, 4촌 이내의 방계혈족 또는 검사는 제810조를 위반한 혼인의 취소를 청구할 수 있다.

[전문개정 2012. 2. 10.]

[2012. 2. 10. 법률 제11300호에 의하여 2010. 7. 29. 헌법재판소에서 헌법불합치 결정된 이 조를 개정함.]

제819조(동의 없는 혼인의 취소청구권의 소멸) 제808조를 위반한 혼인은 그 당사자가 19세가 된 후 또는 성년후견종료의 심판이

있은 후 3개월이 지나거나 혼인 중에 임신한 경우에는 그 취소를 청구하지 못한다.

[전문개정 2011. 3. 7.]

제820조(근친혼등의 취소청구권의 소멸) 제809조의 규정에 위반한 혼인은 그 당사자간에 혼인중 포태(胞胎)한 때에는 그 취소를 청구하지 못한다. 〈개정 2005. 3. 31.〉

[제목개정 2005. 3. 31.]

제821조 삭제 〈2005. 3. 31.〉

제822조(악질 등 사유에 의한 혼인취소청구권의 소멸) 제816조 제2호의 규정에 해당하는 사유있는 혼인은 상대방이 그 사유있음을 안 날로부터 6월을 경과한 때에는 그 취소를 청구하지 못한다.

제823조(사기, 강박으로 인한 혼인취소청구권의 소멸) 사기 또는 강박으로 인한 혼인은 사기를 안 날 또는 강박을 면한 날로부터 3월을 경과한 때에는 그 취소를 청구하지 못한다.

제824조(혼인취소의 효력) 혼인의 취소의 효력은 기왕에 소급하지 아니한다.

제824조의2(혼인의 취소와 자의 양육 등) 제837조 및 제837조의2의 규정은 혼인의 취소의 경우에 자의 양육책임과 면접교섭권에 관하여 이를 준용한다.

[본조신설 2005. 3. 31.]

제825조(혼인취소와 손해배상청구권) 제806조의 규정은 혼인의 무

효 또는 취소의 경우에 준용한다.

제4절 혼인의 효력

제1관 일반적 효력

제826조(부부간의 의무) ① 부부는 동거하며 서로 부양하고 협조하여야 한다. 그러나 정당한 이유로 일시적으로 동거하지 아니하는 경우에는 서로 인용하여야 한다.

② 부부의 동거장소는 부부의 협의에 따라 정한다. 그러나 협의가 이루어지지 아니하는 경우에는 당사자의 청구에 의하여 가정법원이 이를 정한다. 〈개정 1990. 1. 13.〉

③ 삭제 〈2005. 3. 31.〉

④ 삭제 〈2005. 3. 31.〉

제826조의2(성년의제) 미성년자가 혼인을 한 때에는 성년자로 본다. [본조신설 1977. 12. 31.]

제827조(부부간의 가사대리권) ① 부부는 일상의 가사에 관하여 서로 대리권이 있다.

② 전항의 대리권에 가한 제한은 선의의 제삼자에게 대항하지 못한다.

제828조 삭제 〈2012. 2. 10.〉

제2관 재산상 효력

제829조(부부재산의 약정과 그 변경) ① 부부가 혼인성립전에 그 재산에 관하여 따로 약정을 하지 아니한 때에는 그 재산관계는 본관중 다음 각조에 정하는 바에 의한다.

② 부부가 혼인성립전에 그 재산에 관하여 약정한 때에는 혼인중 이를 변경하지 못한다. 그러나 정당한 사유가 있는 때에는 법원의 허가를 얻어 변경할 수 있다.

③ 전항의 약정에 의하여 부부의 일방이 다른 일방의 재산을 관리하는 경우에 부적당한 관리로 인하여 그 재산을 위태하게 한 때에는 다른 일방은 자기가 관리할 것을 법원에 청구할 수 있고 그 재산이 부부의 공유인 때에는 그 분할을 청구할 수 있다.

④ 부부가 그 재산에 관하여 따로 약정을 한 때에는 혼인성립까지에 그 등기를 하지 아니하면 이로써 부부의 승계인 또는 제삼자에게 대항하지 못한다.

⑤ 제2항, 제3항의 규정이나 약정에 의하여 관리자를 변경하거나 공유재산을 분할하였을 때에는 그 등기를 하지 아니하면 이로써 부부의 승계인 또는 제삼자에게 대항하지 못한다.

제830조(특유재산과 귀속불명재산) ① 부부의 일방이 혼인전부터 가진 고유재산과 혼인중 자기의 명의로 취득한 재산은 그 특유재산으로 한다.

② 부부의 누구에게 속한 것인지 분명하지 아니한 재산은 부부의 공유로 추정한다. 〈개정 1977. 12. 31.〉

제831조(특유재산의 관리 등) 부부는 그 특유재산을 각자 관리, 사용, 수익한다.

제832조(가사로 인한 채무의 연대책임) 부부의 일방이 일상의 가사에 관하여 제삼자와 법률행위를 한 때에는 다른 일방은 이로 인한 채무에 대하여 연대책임이 있다. 그러나 이미 제삼자에 대하여 다른 일방의 책임없음을 명시한 때에는 그러하지 아니하다.

제833조(생활비용) 부부의 공동생활에 필요한 비용은 당사자간에 특별한 약정이 없으면 부부가 공동으로 부담한다.

[전문개정 1990. 1. 13.]

제5절 이혼

제1관 협의상 이혼

제834조(협의상 이혼) 부부는 협의에 의하여 이혼할 수 있다.

제835조(성년후견과 협의상 이혼) 피성년후견인의 협의상 이혼에 관하여는 제808조 제2항을 준용한다.

[전문개정 2011. 3. 7.]

제836조(이혼의 성립과 신고방식) ① 협의상 이혼은 가정법원의 확인을 받아 「가족관계의 등록 등에 관한 법률」의 정한 바에 의하여 신고함으로써 그 효력이 생긴다. 〈개정 1977. 12. 31., 2007. 5. 17.〉
② 전항의 신고는 당사자 쌍방과 성년자인 증인 2인의 연서한 서면으로 하여야 한다.

제836조의2(이혼의 절차) ① 협의상 이혼을 하려는 자는 가정법원이 제공하는 이혼에 관한 안내를 받아야 하고, 가정법원은 필요한 경우 당사자에게 상담에 관하여 전문적인 지식과 경험을 갖춘 전문상담인의 상담을 받을 것을 권고할 수 있다.

② 가정법원에 이혼의사의 확인을 신청한 당사자는 제1항의 안내를 받은 날부터 다음 각 호의 기간이 지난 후에 이혼의사의 확인을 받을 수 있다.

1. 양육하여야 할 자(포태 중인 자를 포함한다. 이하 이 조에서 같다)가 있는 경우에는 3개월

2. 제1호에 해당하지 아니하는 경우에는 1개월

③ 가정법원은 폭력으로 인하여 당사자 일방에게 참을 수 없는 고통이 예상되는 등 이혼을 하여야 할 급박한 사정이 있는 경우에는 제2항의 기간을 단축 또는 면제할 수 있다.

④ 양육하여야 할 자가 있는 경우 당사자는 제837조에 따른 자(子)의 양육과 제909조 제4항에 따른 자(子)의 친권자결정에 관한 협의서 또는 제837조 및 제909조 제4항에 따른 가정법원의 심판정본을 제출하여야 한다.

⑤ 가정법원은 당사자가 협의한 양육비부담에 관한 내용을 확인하는 양육비부담조서를 작성하여야 한다. 이 경우 양육비부담조서의 효력에 대하여는 「가사소송법」 제41조를 준용한다. 〈신설 2009. 5. 8.〉

[본조신설 2007. 12. 21.]

제837조(이혼과 자의 양육책임) ① 당사자는 그 자의 양육에 관한 사항을 협의에 의하여 정한다. 〈개정 1990. 1. 13.〉

② 제1항의 협의는 다음의 사항을 포함하여야 한다. 〈개정 2007. 12. 21.〉

1. 양육자의 결정

2. 양육비용의 부담

3. 면접교섭권의 행사 여부 및 그 방법

③ 제1항에 따른 협의가 자(子)의 복리에 반하는 경우에는 가정법원은 보정을 명하거나 직권으로 그 자(子)의 의사(意思)·연령과 부모의 재산상황, 그 밖의 사정을 참작하여 양육에 필요한 사항을 정한다. 〈개정 2007. 12. 21.〉

④ 양육에 관한 사항의 협의가 이루어지지 아니하거나 협의할 수 없는 때에는 가정법원은 직권으로 또는 당사자의 청구에 따라 이에 관하여 결정한다. 이 경우 가정법원은 제3항의 사정을 참작하여야 한다. 〈신설 2007. 12. 21.〉

⑤ 가정법원은 자(子)의 복리를 위하여 필요하다고 인정하는 경우에는 부·모·자(子) 및 검사의 청구 또는 직권으로 자(子)의 양육에 관한 사항을 변경하거나 다른 적당한 처분을 할 수 있다. 〈신설 2007. 12. 21.〉

⑥ 제3항부터 제5항까지의 규정은 양육에 관한 사항 외에는 부

현명하게 준비하는 이혼처방전

모의 권리의무에 변경을 가져오지 아니한다. 〈신설 2007. 12. 21.〉

제837조의2(면접교섭권) ① 자(子)를 직접 양육하지 아니하는 부모의 일방과 자(子)는 상호 면접교섭할 수 있는 권리를 가진다. 〈개정 2007. 12. 21.〉

② 자(子)를 직접 양육하지 아니하는 부모 일방의 직계존속은 그 부모 일방이 사망하였거나 질병, 외국거주, 그 밖에 불가피한 사정으로 자(子)를 면접교섭할 수 없는 경우 가정법원에 자(子)와의 면접교섭을 청구할 수 있다. 이 경우 가정법원은 자(子)의 의사(意思), 면접교섭을 청구한 사람과 자(子)의 관계, 청구의 동기, 그 밖의 사정을 참작하여야 한다. 〈신설 2016. 12. 2.〉

③ 가정법원은 자의 복리를 위하여 필요한 때에는 당사자의 청구 또는 직권에 의하여 면접교섭을 제한·배제·변경할 수 있다. 〈개정 2005. 3. 31., 2016. 12. 2.〉

[본조신설 1990. 1. 13.]

제838조(사기, 강박으로 인한 이혼의 취소청구권) 사기 또는 강박으로 인하여 이혼의 의사표시를 한 자는 그 취소를 가정법원에 청구할 수 있다. 〈개정 1990. 1. 13.〉

제839조(준용규정) 제823조의 규정은 협의상 이혼에 준용한다.

제839조의2(재산분할청구권) ① 협의상 이혼한 자의 일방은 다른 일방에 대하여 재산분할을 청구할 수 있다.

② 제1항의 재산분할에 관하여 협의가 되지 아니하거나 협의할 수 없는 때에는 가정법원은 당사자의 청구에 의하여 당사자 쌍방의 협력으로 이룩한 재산의 액수 기타 사정을 참작하여 분할의 액수와 방법을 정한다.

③ 제1항의 재산분할청구권은 이혼한 날부터 2년을 경과한 때에는 소멸한다.

[본조신설 1990. 1. 13.]

제839조의3(재산분할청구권 보전을 위한 사해행위취소권) ① 부부의 일방이 다른 일방의 재산분할청구권 행사를 해함을 알면서도 재산권을 목적으로 하는 법률행위를 한 때에는 다른 일방은 제406조 제1항을 준용하여 그 취소 및 원상회복을 가정법원에 청구할 수 있다.

② 제1항의 소는 제406조 제2항의 기간 내에 제기하여야 한다.

[본조신설 2007. 12. 21.]

제2관 재판상 이혼

제840조(재판상 이혼원인) 부부의 일방은 다음 각호의 사유가 있는 경우에는 가정법원에 이혼을 청구할 수 있다. 〈개정 1990. 1. 13.〉

1. 배우자에 부정한 행위가 있었을 때

2. 배우자가 악의로 다른 일방을 유기한 때

3. 배우자 또는 그 직계존속으로부터 심히 부당한 대우를 받았을 때

현명하게 준비하는 이혼처방전

4. 자기의 직계존속이 배우자로부터 심히 부당한 대우를 받았을 때

5. 배우자의 생사가 3년 이상 분명하지 아니한 때

6. 기타 혼인을 계속하기 어려운 중대한 사유가 있을 때

제841조(부정으로 인한 이혼청구권의 소멸) 전조 제1호의 사유는 다른 일방이 사전동의나 사후 용서를 한 때 또는 이를 안 날로부터 6월, 그 사유있은 날로부터 2년을 경과한 때에는 이혼을 청구하지 못한다.

제842조(기타 원인으로 인한 이혼청구권의 소멸) 제840조 제6호의 사유는 다른 일방이 이를 안 날로부터 6월, 그 사유있은 날로부터 2년을 경과하면 이혼을 청구하지 못한다.

제843조(준용규정) 재판상 이혼에 따른 손해배상책임에 관하여는 제806조를 준용하고, 재판상 이혼에 따른 자녀의 양육책임 등에 관하여는 제837조를 준용하며, 재판상 이혼에 따른 면접교섭권에 관하여는 제837조의2를 준용하고, 재판상 이혼에 따른 재산분할청구권에 관하여는 제839조의2를 준용하며, 재판상 이혼에 따른 재산분할청구권 보전을 위한 사해행위취소권에 관하여는 제839조의3을 준용한다.

[전문개정 2012. 2. 10.]

현명하게 준비하는

이혼처방전

ⓒ 엄정웅, 2023

초판 1쇄 발행 2023년 5월 3일

지은이   엄정웅
펴낸이   이기봉
편집   좋은땅 편집팀
펴낸곳   도서출판 좋은땅
주소   서울특별시 마포구 양화로12길 26 지월드빌딩 (서교동 395-7)
전화   02)374-8616~7
팩스   02)374-8614
이메일   gworldbook@naver.com
홈페이지   www.g-world.co.kr

ISBN   979-11-388-1867-4 (13360)